인물로 읽는 동남아

일러두기

1. 이 책에 등장하는 인명·지명 등 고유 명사는 국립국어원의 외래어 표기법을 따르되 일부는 현지 음에 가깝게 표기하였습니다.

2. 이 저서는 2022년 대한민국 교육부와 한국연구재단의 지원을 받아 수행된 연구입니다(NRF-2022S1A5C2A01093243).

동남아시아의 어제와 오늘을 이끈 16인의 발자취

1 우렌테

2 다라랏사미

3 폴 포트

4 부이쑤언파이

5 틱낫한

6 쁘리디 파놈용

7 수카르노

8 리콩치앤

인물로 읽는 동남아

9 고쟁스위

10 모하마드 하따

11 목타르 루비스

12 아웅산

13 수파누웡

14 보응우옌잡

15 샤나나 구스마오

16 호세 리잘

강희정·김종호·이한우
정정훈·하정민·현시내

익숙한 동양의
낯선 인물들을 찾아 떠나는 여행

슈바이처, 에이브러햄 링컨, 나이팅게일…. 누구나 들어본 이름이고, 누구나 잘 아는 인물들이다. 우리가 그들을 만난 적도, 같은 시대를 산 적도 없지만 굉장히 친숙하다. 어려서부터 종종 접했고, 티브이나 신문 매체를 통해서도 만날 수 있었기 때문이다. 아마 지금도 각 가정 책꽂이에 이들의 위인전이 꽂혀 있을지 모른다. 책에 나오는 일화들은 곧잘 만화로, 영화로, 다큐멘터리로 재생산되어 보는 이에게 그들이 마치 동시대 사람인 듯한 착각을 주기도 한다. 하지만 생각해보면 멀고 먼 나라, 옛날 사람들이다.

우리가 아는 위인전기의 주인공들은 딱 두 부류다. 서양 사람이거나 한국 사람이거나. 세종대왕, 율곡 이이, 장영실의 업적과 삶을 줄줄 꿰는 것은 당연한 일이라 치고, 서양 위인들을 그만큼 친숙하게 여기는 것은 좀 의아하다. 게다가 한국이나 서양 출신이 아닌 동양 위인들을 얼마나 아는지 물어보면 대개는 난처한 얼굴이 되고 만다. 중국인이나 일본인 한두 명이라도 안다고 답하면 꽤나 특이한 사람으로 여겨지거나, 감탄 어린 시선을 받을지 모른다. 동양의 위인이란 우리에게 그만큼 낯선 존재다.

이 책은 익숙한 동양의 낯선 인물들을 소개하기 위해 기획되었다. 동양의 일원인 우리가 서양을 더 잘 알고, 역사 속 동양 사람들을 멀게만 여기는 현실에 대한 일말의 반성과 책임감으로 시작되었다. 지구의 기나긴 역사, 가깝게는 문자로 기록된 인류의 발자취 속에 등장하는 크고 작은 인물들이 충실히 제 역할을 해주었기에 우리 문명이 각양각색으로 피어날 수 있었다. 서양은 서양대로, 동양은 동양대로. 하지만 서양에 치우친 우리 인식과 사고의 불균형은 이를 온전히 보지 못한다.

이 책은 균형 감각을 가지고 세계를 보고자 하는 독자들을 위해 기획되었다. 동양의 인물들을 알아보고 싶으나 방법이 없어서, 혹은 어디서 어떻게 시작해야 좋을지 몰라서 뒤로 미뤄두었던 분들에게 도움이 되었으면 한다. 누구나 쉽고, 가깝게 동양 사람들이 살아온 길을 접할 수 있었으면 하는 것이 우리 필자들의 바람이다.

이 책에 등장하는 인물들은 자국에서 무척 유명한 사람들이지만, 우리에게는 아직 낯설다. 분명한 것은 이들의 삶이 작게는 자기 나라, 크게는 주변 국가에 영향을 미쳤다는 점이다. 선정 기준은 선과 악도 아니고, 위대한 업적을 남겼느냐 아니냐도 아니다. 어떤 의미로든 자신들이 처한 사회적·역사적 상황에서 작은 파장이라도 남기려 했던 사람들, 그들의 삶을 먼저 들여다보려 했다.

여기에는 인도네시아의 수카르노나 모하마드 하따 같은 정치가도 있고, 필리핀의 민족 영웅 호세 리잘이나 베트남의 보응우옌잡, 라오스의 수파누웡과 같은 독립운동가도 있다. 부이쑤언파이는 베트남 화가고, 한국 전쟁에 참여한 목타르 루비스는 인도네시아 종군 기자다. 근대를 추구한 태국 치앙마이의 마지막 공주 다라랏사미와 같은 여성도 있고, 틱낫한 같은 스님도 있으며 캄보디아 킬링 필드의 장본인 폴 포트도 있다. 그러니 이 책에서 다룬 인물이 얼마나 다양한가?

선과 악의 기준으로 본다면 폴 포트는 절대 악에 가깝다. 하지만 개인의 인생살이가 처음부터 악을 구현하는 데 진력했을 리 없다. 인생이란 맘대로 되지 않기 때문에 더욱 소중한 것이다. 귀하디귀한 란나 왕국 공주였던 다라랏사미의 인생이 태국의 급변하는 역사 속에서 굴곡을 맞으리라고 어느 누가 짐작했겠는가.

점이 모여 선이 되고, 선들이 면을 이루듯 한순간의 선택이 한 사람의 일생을 좌우한다. 크고 작은 선택이 모여 그 사람의 삶이 된다. 이 책 속 인물들은 무슨 기준으로 어떤 선택을 했기에 우리가 주목할 만한 의미를 만들어낸 것일까. 도덕적으로 훌

룡한 인품을 지닌 사람, 혹은 불굴의 의지를 지닌 인간의 모범으로서 이들을 주목하자는 거창한 뜻은 없다. 그저 우리가 사는 세상 한쪽에 이런 사람들이 이렇게 굴곡진 삶을 살았으니 한번 알아보는 것도 나쁘지 않겠다는 의미이다. 누가 봐도 훌륭한, 누구에게나 모범이 될 만한 위인들을 고르지 않은 이유이다.

여기 실린 인물들의 인생이 누구에게는 소소한 교훈이 될 수도 있고, 누구에게는 삶의 지표가 될 수도 있다. 타인의 삶이 곧 내 삶이 되지는 않겠지만 위안은 될 수 있다. 필자들이 엄선한 인물들, 가까운 동남아시아의 낯선 인물들을 만나보시길 권한다.

노고산 아래서
필자들을 대신하여

강희정

차례

머리말　익숙한 동양의 낯선 인물들을 찾아 떠나는 여행 • 4

1장　동남아시아 역사를 이끈 사람들

1. 디아스포라 지식인의 근대화 역정: 우렌테 • 15

전도유망한 식민지 장학생, 첫 번째 귀향 | 근대화 개혁에 나선 페낭의 젊은 의사 |
제국 통치기, 폐페스트-아편에 맞서 싸우다: **강희정**

2. 근대를 추구한 치앙마이의 마지막 공주: 다라랏사미 • 30

치앙마이 공주에서 "라오 여자"로 | 인질이자 외교관이었던 다라랏사미의 삶 | 전
통을 사랑했던 개혁 지도자: **현시내**

3. 급진적 이상주의자, 참극의 주인공이 되다: 폴 포트 • 44

'붉은 캄보디아'의 극단적 평등주의 | 크메르루주의 잔혹 행위와 대학살 | 예의 바
르고 잘 웃던 상류층 소년 | 우익 친미 정권의 등장과 프놈펜 함락 | 소수 엘리트의
그릇된 신념이 낳은 비극: **하정민**

4. 하노이의 옛 거리와 민중을 사랑한 화가: 부이쑤언파이 • 58

인도차이나 미술학교의 마지막 졸업생 | 주류 화단을 거부하고 자유로움을 추구하
다 | 고난을 이겨낸 베트남의 얼굴: **이한우**

5. 시대의 아픔을 함께한 반전 평화의 가르침: 틱낫한 • 68

틱낫한의 새로운 실험 | 참여 불교, 전쟁과 가난의 고통 속으로 | 망명지에서 펼친 반전 평화 운동 | 지금 여기에서 평화를: **하정민**

6. 초대 헌법을 기초한 태국 민주주의의 상징: 쁘리디 파놈용 • 80

입헌 민주주의를 꿈꾸던 청년 | 혁명의 열기를 개혁의 동력으로 | 짜끄리 왕조의 섭정에서 망명자 신분으로 | 민주주의자로서의 삶, 되찾은 영광: **현시내**

2장 근대와 민주주의라는 갈림길

7. 인도네시아를 이끈 통합의 민족주의자: 수카르노 • 97

민족주의에 눈뜬 자바 청년 | 대중을 움직인 수카르노의 연설 정치 | 군부-공산당과 손잡고 강력한 독재 정치를 펼치다 | 군부 독재 종식과 메가와티 시대의 개막: **강희정**

8. 식민 시대 마지막 화교 상인, 현대를 열다: 리콩치앤 • 113

동남아 화인 비즈니스 그룹의 후계자 | 거대 금융 기업 설립으로 정점에 서다 | 국민 국가 형성기, 등불이 된 리콩치앤의 삶: **김종호**

9. 강소 도시 국가 싱가포르의 설계자: 고켕스위 • 129

신생 독립국이 된 이민자의 나라 싱가포르 | 제조 강국 싱가포르의 초석을 놓다 |
자주국방과 신교육 수립이라는 새로운 임무 | 강소국 싱가포르를 일군 고켕스위의
철학: **김종호**

10. 실용 외교로 인도네시아 독립을 일구다: 모하마드 하따 • 143

제3세계 외교 전략의 창시자 | 미낭까바우족의 엘리트 청년 | 네덜란드 본토에서
펼친 반제국주의 운동 | 개혁과 통합에 나선 신생 독립국의 이인자 | 양두 정치의
주인공, 권력을 버리고 존경을 얻다: **정정훈**

11. 민주주의를 열망한 저널리스트 작가: 목타르 루비스 • 158

인도네시아인의 눈에 비친 한국 전쟁 | 외곽 도서 출신의 청년, 민족주의와 만나다
| 독립 이후의 언론 활동: 수카르노 비판과 탄압 | 가택 연금 시기, 문학으로 세상과
소통하다: **정정훈**

3장 독립의 꿈, 민족의 청사진을 그리다

12. 근대 버마의 청사진을 그린 독립 영웅: 아웅산 • 173

청년기 학생 운동과 무장 투쟁 | 영국 식민지 정책에 맞선 버마인들 | 반제국주의
운동으로 얻은 국제적 명성 | 태평양 전쟁기 연합과 통합 전략 | 통일과 공존의 꿈
은 유효한가: **김종호**

13. 독립과 민주주의를 이끈 라오스의 붉은 왕자: 수파누웡 • 192

루앙프라방 왕자, 레닌주의와 만나다 | 왕자들의 권력 투쟁과 공산화 | 평화 없는 독립, 독립 없는 평화: **현시내**

14. 제국을 물리친 베트남의 영원한 장군: 보응우옌잡 • 206

프랑스 식민 정부에 도전한 혁명적 민족주의자 | 항일 게릴라전과 인도차이나 전쟁 | 분단과 통일의 역사를 함께하다: **이한우**

15. 21세기 첫 독립 국가의 초대 대통령: 샤나나 구스마오 • 217

포르투갈 카네이션 혁명과 동티모르의 독립 | 인도네시아의 개입에 맞서 저항군을 조직하다 | 광주인권상 초대 수상자의 독립 투쟁기 | 대한민국과 동티모르의 특별한 만남 | 위대한 독립운동가에서 정치인으로: **정정훈**

16. 아시아 최초의 민족주의자, 첫 번째 필리피노: 호세 리잘 • 234

작가의 눈에 비친 식민지 필리핀 현실 | 조국의 아름다운 희망, 필리피노 | 제국을 움직인 호세 리잘의 문학적 성취: **김종호**

1장

동남아시아
역사를 이끈 사람들

우렌테(Wu Lien Teh, 1879-1960)

디아스포라 지식인의
근대화 역정

　말레이시아 페낭에서 나고 묻힌 우렌테의 한자 이름은 오연덕(伍連德)이다. 아버지의 고향인 중국 남부 광둥성 방언으로 읽으면 '응린턱(Ng Leen Tuck)'에 가깝고 현대 표준 중국어 표기로는 '우렌더'가 된다. 하지만 오늘날 중국계 말레이시아인들은 예전 영문 표기를 따라 '우렌테'로 기억한다. 한자는 같아도 각기 다르게 불리는 이름만큼이나 그의 인생 행로는 굴곡이 많았다.

　우렌테는 영국 여왕 장학금(Queen's Scholar)을 받아 케임브리지 대학에서 공부했으며 아시아인 최초로 의학 박사 학위를 받은 인물이다. 1910년 중국 만주 지역에서 발병한 페페스트를 퇴치해 '역병의 투사(Plague Fighter)'라는 국제적 명성을 얻으며 중국 의료 근대화를 이끌기도 했다. 1935년에는 말레이시아인 최초로 노벨 생리학상 후보에 오르기도 했다. 공공의료에 공헌하여 명성을 얻은 그는, 1937년 중일 전쟁이 발발하자 돌연 말레이시아로 귀향해 서북부의 항구 도시인 페낭(Penang)과 그곳에서 남동쪽으로 130킬로미터쯤 떨어진 이포(Ipoh)에서 평범한 '동네 병원' 의사로 여생을 보냈다.

세 번에 걸친 우렌테의 이향과 귀향은 중국계 말레이시아인이 겪은 고난과 갈등의 역사를 보여준다. 각기 다른 발음으로 불렸던 그의 이름만큼이나 정체성도 복잡했다. 중국 이주민의 자손이자, 영국 식민지 페낭에서 태어나 말레이시아를 무대로 활동한 그로서는 피할 수 없는 일이기도 했다. 이는 우렌테의 삶에 큰 영향을 미치며 인생의 기로마다 갈등하게 했다.

전도유망한 식민지 장학생,
첫 번째 귀향

열일곱 살의 영재였던 우렌테는 1896년 5월 영국 여왕 장학생으로 선발됐다. 1885년 당시 페낭, 믈라카(Melaka), 싱가포르 등 동남아시아 말레이반도 및 부속 도서에 있던 영국의 '해협 식민지(Straits Settlements)' 청년에게 고등 교육 기회를 제공한다는 취지로 만든 제국 장학 제도의 수혜자가 된 것이다. 자손들과 함께 더 나은 삶을 살고자 중국 광둥성 서남부 타이산(泰山)에서 이주한 부친의 삶이 보답받는 순간이었다. 그는 케임브리

인물로 읽는 동남아

지 대학 에마뉘엘 칼리지에서 유학하며 선진 의학과 서양의 근대를 체험했다. 학교생활은 성공적이었다. 각종 상과 장학금을 휩쓸었으며 이후 런던 세인트메리 병원, 리버풀 열대의학 학교, 파스퇴르 연구소 등지에서 화려한 경력과 학업을 쌓았다. 그러나 마음 한편에는 늘 고향에 대한 아쉬움이 있었다. 무엇보다도 조상의 나라인 중국에 관해 아는 것이 없었다. 한자로는 자기 이름조차 쓸 수 없는 처지였으며 그가 읽은 중국의 역사와 철학에 관한 책들은 서양인의 편견이 가득했다. 결국 그는 귀향을 결심했다.

1903년 9월 하순 우롄테를 태운 여객선은 싱가포르에 도착했다. 여왕 장학생 10년 선배인 림분켕(林文慶)이 마중 나왔다. 그는 당시 싱가포르 화인(華人) 사회의 신세대 지도자로 부상한 인물이었다. 림분켕은 케임브리지에서 법학을 공부한 여왕 장학생 후배 송옹샹(宋雍祥)과 함께〈해협화인매거진(SCM)〉을 발행하며 싱가포르의 사회 및 교육 개혁에 앞장서고 있었다. 그는 해협식민지 의회에 해당하는 입법위원회의 민간 의원으로 활동하는 등 전도유망한 엘리트였다.

당시 우롄테는 영국이 쿠알라룸푸르에 막 신설한 슬랑오르 의학연구소의 연구원 자리를 추천받은 상태였다. 그는 영국의 2등 신민으로 승진 가망이 별로 없는 슬랑오르 의학연구소에서 안정적으로 생활할지, 개인 병원을 열지 고심 중이었다. 선배인 림분켕에게 고민을 털어놓자 의사로서의 소명 말고도 할 일은 많으니, 사회 활동을 해보는 건 어떠냐는 권고를 받았다. 요컨대 세상의 질병을 고치는 '사회적 의사'의 길을 요구받은 것이다.

우렌테를 태운 여객선은 북상을 거듭하여 10월 11일 밤 말레이시아 페낭항에 도착했다. 가족과 친지, 심지어 페낭 프리스쿨(Penang Free School) 선생님들까지 마중 나와 그의 금의환향을 축하했다. 실로 오랜만에 고향에 돌아온 우렌테는 부모에게 큰절을 올리고, 조상의 제단에도 예를 올렸다. 페낭의 백운산(Mount Erskine)에 마련된 친가와 외가의 공동 가족 묘지에도 분향했다. 중국인으로서 전통을 따른 것이다. 그 후로도 장장 2주에 걸쳐 귀향을 환영하는 축하연이 이어졌다.

우렌테의 아버지는 1850년대 초반 불과 열여섯 살 나이에 페낭으로 이주한 중국 광둥성 사람이었다. 당시 동남아로 이주한 중국인들을 새로 온 손님이라는 뜻에서 '신케(新客)'라고 불렀다. 오래전에 이주한 중국인은 오래된 손님이라는 뜻으로 '라오케(老客)'라 불렀다. 새로 이주한 사람들은 중국의 전통과 문화를 고수하려는 성향이 강했다. 우렌테의 아버지가 이주했던 시기는 말레이반도에 주석 개발 붐이 일었을 때다. 당시 페낭 화인 사회는 버마(현 미얀마) 남동부, 시암(현 태국) 남부, 수마트라 북동부, 말레이반도 중북부를 아우르는 교역망을 만들고 상업 활동을 주도하고 있었다. 이 지역은 '페낭 화인 거주권(Penang Enclave)'으로 불릴 만큼 화인들의 상업적·사회적 결합이

인물로 읽는 동남아

두드러졌다.

우렌테의 아버지는 5남 3녀 가운데 넷째였다. 맏형과 세 누이만 고향을 지켰고, 다른 형제들은 모두 외국으로 떠났다. 두 형은 골드러시를 좇아 미국으로 갔고 동생은 오스트레일리아에 하층민 아시아 노동자인 쿨리(coolie)로 팔려 갔다. 당시 광둥성과 푸젠성 중국인의 삶은 무척 힘겨웠다. 이를 피해 해외로 나간 사람들도 사정은 녹록지 않았다. 광둥에 남은 늙은 부모와 형제에게 경제적으로 도움을 줄 수 있었던 건 오직 우렌테의 아버지뿐이었다. 페낭으로 이주한 그는 금은방의 도제(徒弟)가 되었다가 이내 사업 수완을 발휘했다. 금세공에 솜씨를 보인 그는 페낭의 부자 화인들을 고객으로 확보하면서 재력을 쌓을 수 있었다. 마침 그를 눈여겨본 한족 하카(Hakka, 客家) 출신의 한 건축업자에게서 혼담이 들어왔고 우렌테의 아버지는 이를 수락했다. 우렌테의 어머니는 페낭 현지에서 태어난 혼혈 후손인 '페라나칸(Peranakan)'이었다. 1857년 열여섯 살에 시집온 그녀는 자식 15명을 낳았다. 이 중 4명을 잃고 11명을 길렀는데 여덟째 자식이 우렌테였다. 우렌테의 아버지는 당시 가세가 기울던 처가에 가족 묘지를 마련해주었다. 이처럼 중국인 이주민의 자손인 우렌테에게 페낭은 태어난 곳이자 묻힐 곳이었다.

영국 유학을 다녀온 전도유망한 의사 우렌테에게 페낭의 부호들이 관심을 보이는 것은 당연했다. 우렌테의 아버지처럼 빈손으로 페낭에 온 신케(新客)들은 물론, 일찍이 이곳으로 와 자

수성가한 라오커(老客)들은 한결같이 우렌테가 결혼을 했는지, 마음에 둔 여인이 있는지 궁금해했다. 전혀 아니라는 대답을 들은 페낭의 중매인들이 바빠졌다. 이들은 좋은 혼처를 들고 우렌테의 집을 찾았다. 그렇게 페낭으로 돌아온 지 얼마 되지 않아 우렌테는 루스 황 슈치웅(Ruth Huang Shu-chiung)과 결혼했다. 1905년의 일이다. 루스는 림분켕의 처제이자 중국 푸저우 지역 명망가의 딸이었으니, 이로써 우렌테와 림분켕은 동서지간이 된 셈이다.

근대화 개혁에 나선
페낭의 젊은 의사

번잡한 환영식을 뒤로 하고 우렌테는 예정된 행로를 향해 다시금 페낭을 떠났다. 이번 목적지는 말레이국연방(Federated Malay States, FMS)의 수도 쿠알라룸푸르였다. 1870년대 들어 영국의 식민지 정책은 해협식민지를 통한 '거점 지배'에서 말레이반도 전체를 대상으로 하는 '영역 지배'로 바뀌어갔다. 이 과정에서 말레이 술탄의 왕국들을 하나의 연방으로 묶어 말레이국연방을 구축했다. 이는 이후로 '영국령 말라야(British Malaya)'와 '말라야연합' '말라야연방'을 거쳐 오늘날의 말레이시아가 된다. 영국은 이를 통해 장기적이고 안정적인 식민지 경영을 노렸다.

영국은 과거와 달리 현지인들의 협력을 구할 필요가 있었다.

이에 따라 인민의 보건 복지를 돌본다는 징표로 영국 제국주의가 내세운 것이 1903년에 문을 연 슬랑오르 의학연구소였다. 여기에는 당시 화인들의 병사로 인한 노동력 손실을 방지해야 한다는 현실적인 요구도 있었다. 페낭 화인들의 주도로 말레이반도 페락(Perak, 규범 표기는 '페라크') 등지의 밀림에서 주석 광산 개발이 확대되었으나 말라리아를 비롯한 각종 풍토병과 각기병·콜레라 등이 창궐해 많은 노동자가 목숨을 잃었다. 아시아인 최초의 케임브리지 대학교 의학 박사이자 파스퇴르연구소 연구원을 지낸 1급 의료인 우롄테는 이곳 슬랑오르 의학연구소의 말단 연구원으로 들어갔다.

큰 기대가 없었던 까닭일까? 650쪽에 달하는 우롄테의 자서전에서 이 의학연구소에 대한 언급은 불과 3쪽에 그친다. 하지만 이 시기 그는 귀중한 인연을 맺는다. 타향인 말레이반도에서 사업적으로나 사회적으로 역량을 발휘하던 동향 친구들을 얻은 것이다. 이들은 스스로를 '페낭 디아스포라(Penang diaspora)'로 불렀다. 중국 황제의 신민도 아니고, 영국 여왕의 신민도 아닌 중국계 페낭인으로서의 정체성 때문이었다. 림분켕의 조언에 따라 우롄테는 이들과 함께 '슬랑오르 문학토론회'를 만들었다. 1894년 4월에서 6월 사이 오늘날 쿠알라룸푸르의 건설자로 추앙되는 얍아로이(葉亞來)의 저택에서 6차례 토론회가 열렸다. 이 자리에서는 영어 사용, 청일 전쟁, 영어와 중국어의 이중

언어 교육, 중국인의 변발(辮髮), 중국인의 혼례, 영국 신민으로
서 해협 화인의 의무 등이 주요 토론 주제로 올랐다.

우렌테는 특히 변발을 두고 있었던 격렬한 토론을 잊지 못했
다. 많은 청중이 지켜보는 가운데 서양식 단발이 개혁의 첫걸음
이라는 주장과 변발이라는 중국 고유의 전통을 계승해야 한다
는 입장이 맞섰다. 토론이 이어지면서 단발론이 압도적으로 지
지를 받았다. 참석자 중 한 명이 즉석에서 "내 머리카락을 잘라
달라"고 외쳤다. 토론회 회장인 우렌테가 영국에서 가져온 수
술용 가위를 들고 단상에 올라 "일생일대의 순간이다. 결정을
후회하지 않는가?"라고 물었고, 그는 "후회는 없다"고 단호
하게 답했다. 꼬리처럼 길게 늘어진 변발이 순식간에 잘려나갔
다. 마치 중국의 전통과 결별하고 유럽에서 온 근대를 받아들이
는 의식처럼 보였다.

토론 중에 말라야(말레이시아 성립 이전 명칭)는 "중국인을 길러
준 땅(land of adaption)"이란 표현이 등장했다. 영국은 제국주의의
성공을 위해 '상상된 공동체'로서 말라야를 언급했지만, 이들
은 국가의 보호를 받지 못한 자신들을 받아주고 품어준 나라로
받아들인 것이다. 페낭 디아스포라의 정체성을 이보다 압축적
으로 보여주는 표현은 찾기 힘들 것이다. 이때의 논쟁과 단발론
의 승리는 당시 말레이반도 중국계 이주민들의 지향을 명확히
보여준다.

우렌테는 1904년 말, 1년 남짓한 의학연구소 연구원 생활을

군의관 시절의 우롄테(1911). 위키미디어 코먼스 갈무리.

청산하고 다시 페낭으로 돌아갔다. 그곳에서 영국인 의사가 운영하던 병원을 인수해 자신의 병원을 열었다. 환자는 많고 병원은 부족하던 시절, 그는 마차를 타고 왕진을 다니는 등 일요일에도 쉬지 않고 일했다. 그러면서도 페낭 화인 사회를 개혁하는 일을 게을리하지 않았다. 여성 교육의 확대, 변발 폐지, 도박과 아편 중지 등 캠페인도 열심히 했다. 밤낮없이 바쁜 세월이었다. 병원 일은 잘되었으나 두 번째 귀향도 오래가지 못했다. 사회의 등불이 되고자 했던 의사 우롄테에게 예고된 세 번째 이향 이유는 아편이었다.

제국 통치기,
페페스트-아편에 맞서 싸우다

영국은 1786년 페낭섬을 점령하고 말레이반도를 사실상 식민 지배한다. 여기에는 '교역하는 디아스포라'인 화인의 오랜 네트워크가 큰 힘을 발휘했다. 이들은 믈라카 해협 북부에 거대한 페낭 화인권을 구축했는데 그 중심에 아편이 있었다. 영국은 페낭의 화인 사회에 아편 전매권을 주었다. 화인 엘리트는 동족 노동자에게 아편을 팔아 부를 축적했으니 결과적으로 영국의 제국주의를 거든 셈이다. 그러나 제국주의의 각축이 본격화한 19세기 후반이 되자 영국은 화인 사회가 주도하는 페낭 화인권을 포획하려는 전략을 구사한다. 영국 자본의 직할 지배로 가려는 계획이었다. 그러나 이는 곧 안팎으로 반발에 부딪힌다.

1906년 5월 영국 하원은 인도-중국의 아편 무역이 비도덕적이라며 즉각적인 중단을 행정부에 촉구하는 결의안을 통과시켰다. 마침 그해 9월 중국 청나라 왕실도 아편을 금지하는 칙령을 내렸다.

아편 무역으로 식민지 운영 경비 상당 부분을 충당해온 해협 식민지 당국으로서는 달갑지 않은 상황이었다. 그들은 화인 사회의 아편 반대 운동을 반정부 활동으로 규정하며 강경하게 대응했다. 스물일곱 살의 의사 우렌테는 페낭 화인 사회의 기득권 세력인 아편 거부들의 협박성 만류를 뿌리치고 아편 반대 운동

중국 거주 시기 우롄테(1910~1915). 위키미디어 코먼스 갈무리.

에 팔을 걷어붙였다. 그는 '페낭 디아스포라'와 협력해 1906년 3월 말레이반도 페락주 이포에서 화인 3000명이 참가한 '해협 식민지-말레이국연방 아편 반대 대회'를 조직했다. 이포는 주석 광산 배후 도시로 화인 노동자들이 몰려들었던 곳이다.

이듬해에는 아편에 반대하는 화인 단체인 '계연사(戒煙社)'도 결성했다. 2차 아편 반대 대회를 페낭에서 열기로 했다. 믈라카 해협의 아편 허브인 페낭의 화인 사회가 발칵 뒤집혔다. 식민 당국과 페낭의 아편 거상들은 우롄테를 주동자로 지목했다. 1906년 말 페낭 의료 당국자가 경찰을 대동하고 우롄테의 병원에 들이닥쳤다. 이들은 병원에서 찾아낸 치료용 아편을 빌미로

그를 기소했다. 죄명은 유해 약물 금지령 위반이었다. 결국 우렌테를 제외하고 다른 모두가 한편이었던 황당한 재판에서 그는 벌금형을 받았고 이는 국제적인 뉴스가 됐다.

이 무렵 우렌테에게 두 통의 편지가 도착했다. 하나는 런던 퀸스 홀에서 열릴 아편 반대 대회의 초대장이었다. 다른 편지의 발신자는 당시 청나라의 직례총독(수도 베이징을 포함하는 지역의 관할 총독)이자 북양대신(북쪽 연해 지역 외교, 통상, 군사 담당 관리) 위안스카이(袁世凱)였다. 위안스카이는 우렌테에게 톈진의 육군군의학교 교감 자리를 제안했다. 그는 또다시 인생의 갈림길에 섰음을 직감했고, 깊은 고민에 빠졌다. 식민 당국과 화인 사회의 탄압 속에서 고향인 페낭에 남을 것인가, 아니면 중국으로 가서 고국의 의료 발전에 기여할 것인가.

1908년 5월, 마침내 그는 아내와 두 살배기 아들을 동반하고 상하이로 향하는 증기선에 올랐다. 그 길로 만주와 몽골을 휩쓴 폐페스트(Pneumonic plague)와의 싸움이 시작되었다. 치사율이 99.9%로 6만여 명의 목숨을 앗아간 폐페스트는 청나라 조정의 커다란 근심거리였다. 조정에서 도움 요청을 받은 우렌테는 곧 행동에 나섰다. 폐페스트가 공기로 전염된다는 것을 파악하고는 거즈를 여러 겹 겹쳐서 기능성을 강화한 마스크를 개발해 전염을 막았다. 오늘날 우리가 쓰는 마스크의 원형인 셈이다. 아울러 격리를 강화하고, 환자들이 쓰던 건물과 시신을 화장 처리하여 감염이 번지는 것을 막았다.

인물로 읽는 동남아

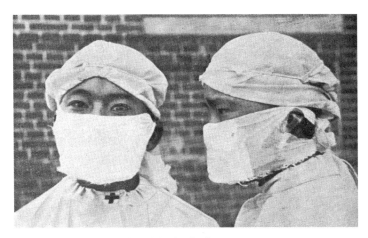
여러 겹 덧댄 마스크를 쓴 우롄테. 위키미디어 코먼스 갈무리.

　그러나 우롄테에게 중국에서의 삶은 커다란 고통을 안겨주
었다. 부인과 두 아들이 북경에서 숨을 거두고 만 것이다. 게다
가 1931년 만주를 침략한 일제는 우롄테에게 스파이 혐의를 씌
워 억류한다. 일제의 중국 침략이 가시화되면서 활동의 제약이
생기고 신변의 위협도 점점 커져가는 상황이었다.

　29년간 중국에서 역병 퇴치와 의료 선진화를 진두지휘하며
존경받던 우롄테는 중일 전쟁이 발발한 1937년 홀연 귀향을 단
행했다. 세 번째 귀향이었다. 전쟁을 피해서 돌아갔다는 이야
기도 있고 중국 의료 개혁의 전망이 어두웠기 때문이라는 설도
있으나 분명하지는 않다. 어느 쪽이든 페낭인 우롄테에겐 힘겨
운 '타향살이'였음은 분명하다. 그러나 페낭으로 돌아온 후에
도 시련은 끊이지 않았다. 1943년 그는 말레이시아 좌익 활동가

우롄테(왼쪽 둘째)와 맏아들 창경(왼쪽 셋째), 조카들(1935). 위키미디어 코먼스 갈무리.

에게 사로잡혀 몸값을 요구받는 지경에 이른다. 우여곡절 끝에 풀려난 뒤에는 좌파의 독립운동을 도왔다는 혐의로 말레이시아를 점령한 일본군에게 핍박받는다. 다행히 일본군 장교를 치료해준 덕분에 핍박은 보호로 바뀌었다.

당시 말라야의 정세는 페낭 디아스포라에게 우호적이지 않았다. 말레이 민족주의가 영국 제국주의의 식민지 재편 구상과 맞물리면서 화인에 대한 배타적인 기류가 흘렀다. 우롄테와 그 친구들이 간직한 '길러준 땅'이라는 믿음은 배신당했다. 화인 집단의 정치적 영향력은 점차 추락했다. 환갑을 앞둔 우롄테는 그럼에도 귀향을 선택한 것이다. 1957년 독립한 국민 국가 말레이시아는 크게 말레이계, 중국계, 인도계, 이렇게 세 민족으로 구

인물로 읽는 동남아

성되었다. 우렌테의 연이은 이주와 귀향은 어디에도 속하지 못
했던 디아스포라, 중국계 말레이시아인의 삶을 상징하고 있다.

강희정

다라랏사미(Dara Rasami, 1873-1933)

근대를 추구한 치앙마이의 마지막 공주

　제국주의 시대인 19세기 중후반, 란나 제국의 오랜 수도이던 치앙마이를 둘러싼 정세는 복잡했다. 1853년 대영 제국과 버마의 두 번째 전쟁에서 영국이 승리함으로써 이라와디강 삼각주 지역과 바고, 그리고 양곤 지역이 영국의 지배에 들어갔다. 버마와 국경을 맞댄 란나 제국은 영국과 버마의 첫 번째 전쟁 직후, 국경을 살윈(버마어로 '딴륀')강으로 정했지만, 티크 목재 주산지인 치앙마이를 호시탐탐 노리던 영국 상인들은 벌목 사업을 확장하려고 했다.

　한편 시암(현 태국)의 짜끄리 왕조 5대 왕 쭐랄롱꼰(1868~1910 재위)은 치앙마이 지역에서 확대되던 영국의 영향력을 주시했다. 이에 1874년 쭐랄롱꼰은 인도 캘커타(현 콜카타)에서 영국과 조약을 체결하고 치앙마이를 시암에 병합하는 작업에 착수한다.

　　　　　　　　　　　　　　　　　　인물로 읽는 동남아

치앙마이를 둘러싼 영국과 시암의 움직임이 가시화되는 가운데 영국의 빅토리아 여왕이 란나 제국 인타위차야논(1870~1897 재위) 왕의 딸 다라랏사미 공주를 양녀로 삼을 것이라는 소문이 돌았다. 대영 제국이 인도에서 식민 통치를 확대하는 과정에서 토착 군주의 자녀를 입양한 전례가 있기에 소문은 거의 기정사실화되었다. 이에 질세라 시암의 쭐랄롱꼰 왕은 동생을 치앙마이로 보내 이제 갓 열한 살이 된 다라랏사미 공주에게 청혼한다. 1886년 다라랏사미는 방콕의 짜끄리 왕실로 옮겼고, 후궁이 됐다. 자기보다 스무 살이나 많은, 게다가 총 153명의 부인과 후궁을 둔 시암 왕의 후궁이 됐다는 사실만 놓고 보면 사극에 흔히 등장하는 기구한 왕실 여인네의 처지와 다를 바 없어 보인다. 그러나 다라랏사미는 달랐다. 그녀는 후궁으로서는 최초로 짜끄리 왕조의 '왕비(Princess Consort)'에 오르고, 쭐랄롱꼰 왕 서거 이후 고향으로 돌아가 란나 제국의 전통과 정체성의 상징이 된다.

치앙마이 공주에서
"라오 여자"로

태국어로 '별의 후광'이라는 뜻인 다라랏사미는 시암의 왕실에 있으면서도 란나와 치앙마이의 전통을 지키고자 했다. 그만큼 란나 제국은 유구한 역사를 자랑한다. 1287년 치앙마이와 주변 지역을 지배하던 3명의 왕이 우호 조약을 체결하면서 시작된 란나 제국은 1292년 현 치앙마이 시내에 수도를 정한다. 16세기부터 18세기까지 버마의 지배를 받기도 했지만, 방콕 지역을 지배하던 톤부리 왕조 탁신 왕의 도움으로 1775년 치앙마이를 수복한다. 이는 란나 제국, 그리고 치앙마이 왕실이 시암의 속국이 되는 과정의 시작점이 된다. 19세기에 가구 재료로 널리 쓰인 티크(teak)를 비롯한 천연자원의 보물섬과도 같은 치앙마이를 주목하는 제국은 영국만은 아니었다. 인도차이나에서 세력을 확장하던 프랑스도, 그리고 윈난성까지 세력을 넓힌 청나라도 란나 제국의 수도 치앙마이를 탐내고 있었다.

빅토리아 여왕이 양녀로 삼으려고 했다는 인타위차야논 왕의 딸 다라랏사미는 제국 간 대결이 가시화되던 1873년 치앙마이에서 태어났다. 어릴 때부터 란나 왕실의 전통적인 관습과 의식을 란나어로 교육받았다. 당시의 복잡한 정세를 반영하듯, 타이어와 북부 지역 언어인 '캄무앙'을 배웠고, 심지어 영어도 배웠다. 700여 년의 역사를 자랑하는 란나 제국의 전통에 해박했으며, 어릴 때부터 승마를 즐길 정도로 활발한 성격이었다. 그런 딸을 지극히도 아꼈던 인타위차야논 왕은 그녀가 쭐랄롱꼰왕의 후궁이 되어 방콕으로 갈 때 동행했다. 시암의 왕을 만나서는 막대한 돈을 건네면서 자기 딸이 살 집을 따로 지어달라고 했다. 이 요청은 훗날 다라랏사미가 처음으로 고향을 방문한

다라랏사미가 긴 머리를 풀고 파신을 입은 채 앉아 있다. 위키미디어 코먼스 갈무리.

1909년 이후에야 이루어진다.

후궁들 사이에서 다라랏사미는 '라오 공주' 혹은 '라오 여자'로 불렸다. 아직 치앙마이가 완전히 시암에 합병된 상태가 아니었기에, 방콕 사람들은 란나 제국 출신을 라오스인으로 인식했다. 그들 사이에서 라오스인들은 천대를 받았다. 왕의 후궁인 다라랏사미도 예외는 아니었다. 그녀 역시 생선이나 젓갈 냄새가 난다는 등 놀림을 당했지만, 의연하고 꿋꿋하게 란나의 전통을 고수했다. 대표적인 차림새가 바로 긴 생머리와 '파신(phasin)'으로 불리는 치앙마이식 전통 치마다. 당시 시암의 방콕 여성은 머리를 짧게 자르고 긴 천을 몸에 두른 뒤 다리 사이로 빼내 바지처럼 입었다. 다라랏사미는 방콕 왕궁에서 지낸 기간 내내 긴 머리를 말아 올려 쪽을 지고 파신을 입었다.

치앙마이는 지정학적으로 서쪽으로 버마, 북쪽으로 샨(Shan) 족, 중국, 라오스, 그리고 동쪽으로는 베트남에 둘러싸여 있다. 여기에 주변으로 영국과 프랑스가 진출하면서 치앙마이는 다양한 문화와 민족의 영향을 고루 흡수한, 말 그대로 국제도시가 되었다. 그런 곳에서 나고 자란 다라랏사미는 다문화 사회를 경험한 만큼 새로운 문물을 배우고 받아들이는 데 매우 적극적이었다. 이를 가장 잘 보여주는 한 장의 사진이 있다. 그 안에서 다라랏사미는 긴 머리를 풀어 헤치고 풍성한 레이스가 달린 서양식 블라우스와 파신를 입은 채 뒤를 돌아보고 있다. 란나의 전통에 서구적 복식을 더한 그녀만의 독특한 스타일을 잘 보여주는 장면이다.

인질이자 외교관이었던
다라랏사미의 삶

란나 제국의 문화와 전통을 연구해온 미국의 역사학자 레슬리 카스트로-우드하우스(Leslie Castro-Woodhouse)는 다라랏사미를 란나 제국의 인질이자 외교관으로 정의한다. 란나 제국을 시암의 통치하에 두고 싶었던 쭐랄롱꼰 왕은 영국이 빅토리아 여왕이 접근할 것을 우려해 미리 자신의 후궁으로 삼았다. 일종의 인질 상태였던 것이다. 그럼에도 다라랏사미는 쭐랄롱꼰의 총애를 받았는데 바로 그녀의 개방적이면서도 적극적인 성격 덕분이었다. 시암 근대화의 아버지로 불리는 쭐랄롱꼰 왕은 선왕의 유지를 이어 서양식 근대화를 적극적으로 추진했다. 행정 제도를 정비하고 노예 제도를 폐지한 데 이어 의무 교육을 제도화하고 왕족 앞에서 몸을 바닥에 대고 엎드리는 전통적인 의전을 폐지했다. 그런 그에게 시암 왕실에 있으면서도 란나 제국의 전통을 지키는 한편, 서양의 근대 문물을 적극적으로 받아들이는 다라랏사미는 특별하게 느껴졌을 수밖에 없다.

그러던 어느 날 왕실 생활의 분기점이 되는 사건이 일어난다. 그녀가 방콕에 온 지 3년이 채 되지 않은 1889년, 아버지인 인타위차야논 왕은 국내 현안을 논의하고자 다라랏사미에게 치앙마이로 와달라는 내용의 편지를 보냈다. 시암 왕실의 규범상 임신하고 아이를 낳은 후궁은 절대 궁을 떠날 수 없었다. 마침 다라랏사미는 임신한 상태로 아버지의 제안을 수락했다가는 자칫 반역으로 오해받을 수 있는 상황이었다. 다라랏사미는 고민 끝에 정면 돌파를 결심하고 쭐랄롱꼰 왕에게 아버지의 편지를 보여주었다. 왕의 윤허를 기대했으나 결과는 뜻밖이었다. 쭐랄롱꼰은 인타위차야논 왕에게 "당신 딸을 데리고 가고 싶다면 그리해도 좋다. 다만 당신은 딸의 시신을 데리고 가게 될 것이다"라고 답신했다. 서신을 받은 인타위차야논 왕은 분개했다.

치앙마이 수안덕 사원 근처 왕립개발프로젝트 가게에 있는 다라랏사미상. ⓒ 현시내

이 일로 다라랏사미는 깊은 우울증에 빠진다. 자신을 총애한다
고 믿었던 시암의 왕에게도, 그리고 자기 편지를 남편에게 보여
줬다고 화가 난 아버지에게도 버림받은 듯했기 때문이다.

　다행히 그녀는 그해 10월에 무사히 딸을 출산한다. 시암 왕실
에서는 왕위를 계승할 아들이 훨씬 중요했겠지만, 란나 제국의
전통은 그 반대였다. 모계 사회인 란나 제국, 특히 치앙마이 왕
실은 공주를 더 중요시했다. 다라랏사미의 아버지인 인타위차
야논이 왕이 될 수 있었던 이유도 그가 치앙마이 왕실의 적통이
자 어머니인 팁께쏜 공주가 선택한 남편이었기 때문이었다. 실
제로 치앙마이 왕실 기록이나 당시 치앙마이에서 활동했던 서
구 선교사들의 기록을 보면 란나 제국의 역사, 전통, 그리고 정

　　　　　　　　　　　　　　　　인물로 읽는 동남아

통성은 모두 여성이 이어받았다. 따라서 팁께손 왕비가 실질적인 권력이었고, 그녀의 여동생 우본와나는 당시 티크 목재 사업뿐만이 아니라 주류·비단·축산까지 거머쥔, 말 그대로 치앙마이 경제의 큰손이었다.

따라서 다라랏사미가 치앙마이에 남아 있었다면 그녀가 선택한 남편이 왕위를 이어받았을 것이다. 이는 란나 제국의 오랜 전통이었다. 한편 그녀가 시암 왕실의 후궁으로 방콕으로 갈 때 인타위차야논 왕은 다라랏사미에게 치앙마이 왕실이 가진 티크 채벌권 상당 부분을 인계해 그녀와 시녀들이 살 집을 따로 지을 수 있게 했다. 그녀가 가진 재력과 치앙마이의 모계 전통은 왕자만이 적통을 이어받는 타국에서 딸을 출산했음에도 당당할 수 있게 하는 토대가 되었다. 하지만 애석하게도 어린 생명은 2년 반 만에 사망하고 만다.

엎친 데 덮친 격으로 1894년 어머니인 팁께손 왕비가 갑작스레 서거하고 뒤이어 인타위차야논 왕도 1897년에 서거한다. 다라랏사미는 장례식에 가고 싶었지만 쭐랄롱꼰 왕은 북부 지역 정세가 불안정하다는 이유로 거부한다. 다라랏사미의 고향 방문은 이로부터 거의 10여 년이 지난 1909년에야 성사된다. 그해 2월 다라랏사미는 쭐랄롱꼰 왕에게 작별 인사를 하기 위해 왕궁으로 온다. 그 자리에서 그녀는 쪽 찐 머리를 풀고 물에 적신 뒤 머리카락으로 쭐랄롱꼰 왕의 발을 닦는다. 시암 사람들은 사람 몸에서 머리를 신성시하고 발을 가장 천하게 여겼다. 이를 잘 아는 그녀로서는 일종의 충성 서약 의식을 치른 것이나 마찬가지였다.

　여기에는 여러 배경이 있다. 그녀의 이복동생의 아들이자 조카인 너이 수까셈 왕자는 1899년에 버마의 몰라미아인으로 유학을 갔다가 시장에서 만난 마미아라는 여성에게 한눈에 반한다. 왕자는 1902년에 마미아를 데리고 치앙마이로 돌아왔으나 그의 부모는 두 사람 관계를 허락할 수 없었다. 버마를 적국으로 여기는 시암 왕실의 눈치를 보지 않을 수 없었기 때문이다. 행여 반역으로 오해받을 상황이었다. 결국 너이 왕자는 사랑하는 마미아를 버마로 돌려보내야 했다. 1903년 4월 버마로 떠나던 날, 코끼리 등에 얹은 가마에 오르던 마미아는 힘이 빠졌는지 바닥으로 미끄러졌다. 가까이서 이를 지켜보던 왕자는 그만 눈물을 흘리고 말았는데, 이를 본 마미아가 긴 머리를 풀어 왕자의 발을 닦았다. 그녀가 보내는 사랑과 충성의 서약이었다. 다라랏사미도 이 이야기를 들어서 알고 있었다. 그런 의미에서 다라랏사미의 행위는 쭐랄롱꼰 왕에게 보내는 충심이자, 강대국 시암의 눈치를 볼 수밖에 없는 란나 제국의 가슴 아픈 현실에 대한 안타까운 마음의 표현이었다.

　쭐랄롱꼰 왕은 다라랏사미가 치앙마이로 가 있는 동안 그녀를 왕비로 승격하고 궁내에 거처를 따로 짓는다. 그녀가 돌아오는 날엔 짜오프라야(Chao Phraya)강에서 화려하게 치장하고 열병한 100여 대의 바지선과 함께 그녀를 맞았다. 그러나 두 사람의

다라랏사미와 쭐랄롱꼰 왕. 위키미디어 코먼스 갈무리.

관계는 오래 지속되지 못했다. 이듬해인 1910년 남편이자 시암국의 왕이던 쭐랄롱꼰이 심부전증으로 사망한 것이다. 왕실 관례에 따라 다라랏사미는 바로 왕궁을 비워야 했지만 후임인 와치라웃 왕의 배려로 1914년까지 방콕에서 머물다. 1915년에 치앙마이에 돌아온다.

전통을 사랑했던
개혁 지도자

28년 만에 돌아온 고향은 여전했지만, 시암 왕실 후궁으로 갔다가 돌아온 그녀를 바라보는 시선이 그리 곱지만은 않았다. 다라랏사미가 방콕에 있는 동안 란나 제국의 영토는 시암에 합병되었고, 치앙마이와 시암 왕실은 주종 관계로 돌아섰다. 시암의 식민지가 된 것이나 다름없었다. 자신들을 통치한 제국의 후궁이던 사람이 별안간 치앙마이로 돌아왔으니 그럴 만도 했다.

그러나 방콕에서도 그러했듯 다라랏사미는 주변 시선에 굴하지 않고 란나 제국의 후계자로서 자기 소명을 이어나갔다. 근대식 병원 설립을 위한 기금을 조성하고, 농민들의 수입 증대를 위해 열대 과일 용안(longan)과 같은 신품종을 들여와 재배를 확산시키는 등 근대화에 힘을 쏟았다. 한편으로는 란나의 고유한 문화를 지키려는 노력을 멈추지 않았다. 치앙마이 다라피롬궁 안에 전통 무용과 전통극을 계승하는 교실을 만들어 직접 어린 학생들을 가르치고, 전통 무용극(라콘)의 대본을 직접 쓰기도 했다. 여기에는 남성 중심의 질서에 운명이 좌우되는 비극의 주인공이 아닌, 스스로 인생을 개척해나가는 강인한 여성이 등장한다.

한편 1906년 유럽을 방문한 시암의 쭐랄롱꼰 왕은 푸치니의 오페라 〈나비 부인〉에 깊은 감명을 받는다. 그는 귀국하자마자 궁중 악사에게 시암판 〈나비 부인〉을 만들라고 명한다. 이에 원작에 등장하는 미군 장교를 시암의 군인으로, 그와 결혼하는 일본 여인을 치앙마이 여인으로 각색한다. 이는 다라랏사미를 염두에 둔 것이었다.

인물로 읽는 동남아

노년의 다라랏사미. 위키미디어 코먼스 갈무리.

    그러나 다라랏사미의 생각은 달랐다. 그녀가 직접 쓴 라콘에 등장하는 주인공은 '프라러 웬께오(크리스털 반지)'로 불리는 여성이다. 그녀는 너이차이야라는 란나 남자와 사랑에 빠진다. 웬께오의 부모님은 그녀를 나이 많은 지역 유지와 결혼시키려 하지만 이를 거부하고 가난한 너이차이야에게 변치 않는 사랑을 맹세한다. 〈나비 부인〉에서 여주인공은 남자의 배신에 자살을 선택하지만 웬께오는 적극적으로 사랑을 쟁취한다. 자신의 이모 우본와나를 모델로 했다는 등장인물은 란나 여성의 강인한 정신과 독립적인 태도를 반영하고 있다.

    다라랏사미는 자신이 존경하던 우본와나 이모처럼 궁 안에 베틀을 놓고 주민들에게 란나 전통 문양 짜는 법을 가르치고 직

치앙마이 매림에 있는 다라피롬궁 박물관. 다라랏사미가 살던 궁전을 1999년 박물관으로 개조했다. 위키미디어 코먼스 갈무리.

물 짜는 법, 염색법 등의 자료를 수집해 책으로 엮었다. 지방 상인들에게는 란나식 직물이나 전통 의류들을 만들고 팔 수 있도록 지원했다. 그녀는 란나 역사에도 깊은 관심을 보였다. 쭐랄롱꼰 왕의 이복동생이자 다라랏사미의 절친한 친구였던 담롱 왕자(Prince Damrong Rajanubhab)는 태국 역사학의 대가로 알려져 있다. 다라랏사미는 이에 못지않은 란나 역사 전문가였다.

그녀는 본인이 경험하고 배운 란나 왕실의 전통을 기반으로, 란나 제국의 옛 영토를 구석구석을 다니며 수집한 고문서와 사료를 참고해 역사책을 쓰기도 했다. 담롱 왕자도 시암과 서양의 학자들에게 란나의 역사는 다라랏사미에게 조언을 구하라고 말

인물로 읽는 동남아

할 정도였다. 치앙마이에서 지낸 18년 동안 그녀는 잠시도 쉬지 않고 란나 제국과 치앙마이 왕실의 기억이 역사가 될 수 있도록 노력했다. 그렇게 온몸으로 역사를 살아낸 다라랏사미는 1933년 노환으로 영면한다. 그녀의 나이 74세 되던 해였다.

오늘날 태국 치앙마이를 비롯한 북부 지역 17개 주를 총괄하는 국경 수비대 사령부는 다라랏사미가 살았던 다라피롬궁 바로 옆에 있다. 부대 이름도 '다라랏사미 부대'다. 이처럼 시암 왕실의 수많은 후궁 중 한 명이던 다라랏사미가 후대에 기억되는 이유는, 그녀가 지켜낸 란나의 전통 때문이다. 치앙마이가 태국이라는 민족 국가로 합병되는 시대적 조류는 막지 못했지만 란나 제국의 존재를 시암인들에게 각인시키고 치앙마이 사람들에게 자부심을 심어줬다.

시암 왕실에서 치앙마이로 돌아온 그녀는 란나 제국의 정통성과 전통을 대표하는 치앙마이 공주로 자리매김했다. 그런 그녀의 업적을 기리듯 치앙마이 학생들은 매주 금요일마다 파신을 입고 등교한다.

현시내

폴 포트(Pol Pot, 1925-1998)

급진적 이상주의자,
참극의 주인공이 되다

역사상 최악의 학살자, 아시아의 히틀러, 히틀러와 스탈린에 버금가는 독재자…. 폴 포트 하면 따라오는 말들이다. 동남아시아 캄보디아의 급진적인 공산주의 크메르루주(Khmer Rouge, 1975~79) 정권을 이끌며 200만 명이 넘는 사람들을 죽음으로 몰아넣어 '킬링 필드'라는 대참사를 빚은 장본인이니 그럴 만하다.

흔히 '폴 포트'로 알려진 이 인물의 본명은 살로트 사르(Saloth Sâr)다. 폴 포트는 프랑스어 '폴리티크 포탕시엘(Politique potentiel)'의 줄임말로 '정치적 가능성'을 뜻한다. 그는 정치 활동을 하는 동안 '대삼촌(Grand-Uncle)' '형(Elder Brother)' '첫째 형(First Brother)' '87' 등 여러 개의 가명을 썼다. 신분을 은폐하고 정체성을 감추어 국제 사회의 눈을 피하려는 속셈이었다. 가명 뒤에 가려진 진짜 폴 포트의 얼굴은 무엇이었을까? 폴 포트의 삶 상

폴 포트. 위키미디어 코먼스 갈무리.

당 부분은 여전히 수수께끼지만, 여러 연구 끝에 조금씩 밝혀지고 있다. 그가 저지른 악행은 구체적으로 무엇이며, 어떠한 인생 역정을 겪었기에 그리되었을까? 이 잔혹한 역사를 돌아보며 우리가 얻을 수 있는 교훈은 무엇일까?

'붉은 캄보디아'의
극단적 평등주의

크메르루주는 1960년대 결성된 캄푸치아 공산당을 가리키는 말로 프랑스어로는 '붉은 캄보디아'라는 뜻이다. 그들이 공식적으로 빨간 체크무늬 머플러를 했기에 붙여진 이름이다. 폴 포

크메르루주 복장. 검은 옷에 빨간 체크무늬 머플러를 둘렀다. 위키미디어 코먼스 갈무리.

트는 캄푸치아 공산당의 지도자로 활동했다. 당시 미국의 지원을 받은 론 놀(Lon No) 정권에 대항하며 수년간 내전을 지속하다가 1975년 프놈펜을 점령하면서 권력을 장악했다. 그는 국가명을 '민주 캄푸치아(Democratic Kampuchea)'로 바꾸고 최고 권력자로 등극한다. '폴 포트'라는 가명은 1960년대 중반부터 사용했는데 권력을 장악하자 대중에게 널리 알려진다.

폴 포트가 꿈꿨던 사회는 '자급 자족적인 농업 중심 유토피아'였다. 이를 위해 사유 재산과 사회 계층, 종교 제도를 포함한 전통적인 사회 구조를 뒤바꾸는 정책을 벌였다. 화폐를 폐지하고 국가에서 쌀을 배급했다. 당시 캄보디아는 수년간 내전으로 경제 상황이 매우 좋지 않았다. 프놈펜을 비롯한 대도시는 살 곳을 잃은 난민들로 가득했으며 식량 부족 문제도 심각했다. 폴 포트는 프놈펜을 점령하자마자 200만 명에 달하던 시민들을 강제로 시골 농촌 지역으로 이주시켰다. 이들은 집단 농장에서 강제 노동을 해야 했다.

폴 포트는 전 국민에게 극단적인 평등을 강요했다. 국민은 모두 똑같이 검은 옷을 입어야 했고, 같은 음식을 먹고 같은 집에서 살며 같은 노동을 해야 했다. 그러나 여기에는 유일한 예외가 있었으니 바로 당 고위층 인사들이었다. 크메르루주 지도자들은 보통 사람과 달리 특권을 누렸다. 당원들은 더 나은 음식을 먹었고, 당 간부들은 치료받으러 중국에 갈 수 있었으며, 당 최고위층은 수입 명품을 접할 수 있었다. 이것이 크메르루주 정권이 강요한 평등의 실체였다.

크메르루주의
잔혹 행위와 대학살

폴 포트와 크메르루주가 권력을 장악한 1975년 4월부터 실각한 1979년 1월까지 3년 9개월 동안 캄보디아는 극악무도한 인권 침해와 대량 학살을 목격했다. 강제 이주 조치로 수십만 명이 걸어서 이동하다가 길에서 굶어 죽거나 병사했다. 집단 농장에서 거주하며 비인도적인 강제 노동에 시달리다가 또 수십만 명이 기아, 과로, 질병, 구타, 감금, 폭행으로 사망했다. 교육은 중단되었고 공산주의 이념만을 국민에게 주입했다. 일상생활에서도 엄격한 통제와 감시는 계속됐다. 사소한 규칙 위반에도 엄한 처벌이 집행됐다.

이전 정부와 관련되거나 정권에 위협이 될 것으로 보이는 지식인과 전문직 종사자, 종교인들이 무자비하게 처형되었다. 크메르루주 정권은 철저한 민족주의자들이었다. 이에 따라 당시 캄보디아에 거주하던 외국인과 소수 민족도 숙청 대상이었다. 이들은 자의적이고 모호한 죄목으로 처형됐다. 심지어 안경을 끼거나 손이 곱다는 이유로 노동을 모르는 지식인으로 몰아 처형하기도 했다. 불충한 공산당 당원이나 군인도 표적이 되었다. 피해자들은 자백을 강요받았고, 고문 및 잔인한 처형을 당했다.

프놈펜의 투올슬렝(Tuol Sleng) 감옥은 크메르루주 시대의 잔혹함을 상징한다. 정치범 수용소로도 쓰인 악명 높은 이 건물은 크메르루주가 프놈펜 외곽 투올슬렝 지역에 버려진 고등학교 건물을 개조한 것이다. 크메르루주 정부 시절 꾸준히 수감자가 증가했으며 무고한 사람들이 이곳에서 고문을 받고 처형당했다. 처형은 잔인하기 그지없었다. 총알을 아낀다는 이유로 몽둥이로 때려죽이거나 비닐봉지를 머리에 씌워 질식사시키기도 했다. 한번 들어가면 살아나온 사람이 거의 없었기에 캄보디아

판 아우슈비츠라고도 불린다.

공포의 이 장소는 현재 당시 실상을 알리는 박물관으로 운영 중이다. 감옥에 보관된 자료들은 투올슬렝 학살 박물관 기록물(Tuol Sleng Genocide Museum Archives)이라는 이름으로 2009년 유네스코 세계 기록 유산으로 지정됐다. 이는 20세기 후반에 있은 극악한 비인간적 범죄를 증언하고 있다. 폴 포트가 정권을 잡는 동안 약 200만 명에 달하는 인명 피해가 발생했다. 당시 캄보디아 총인구의 4분의 1에 해당하는 엄청난 수였다. 이는 1984년 영화 〈킬링 필드(The Killing Fields)〉로 전 세계에 알려졌다.

예의 바르고
잘 웃던 상류층 소년

폴 포트는 도대체 어떤 성장 배경이 있기에 잔혹한 대학살의 주범이 되었을까? 그러나 짐작과 달리 그의 유년기와 청년기는 유복했다. 폴 포트는 프랑스 식민지 시절인 1925년 5월 19일에 캄보디아의 콤퐁톰(Kompong Thom) 지방에서 태어났다. 그의 가족은 중국계와 크메르계 혼혈이었지만 중국어를 할 줄 몰랐고 중국 문화를 전혀 따르지 않은 채 전형적인 크메르인으로 살았다.

그의 아버지는 상당히 넓은 농지를 소유한 부농이었다. 그

투올슬렝 감옥. 이곳에서 많은 무고한 이들이 감금, 고문, 폭행, 처형당했다. 위키미디어 코먼스 갈무리.

럼에도 폴 포트는 자신의 출신을 속이고 '가난한 농민 가정'에서 태어났다고 주장한다. 또한 폴 포트의 가족은 캄보디아 왕족과 관련이 있다. 당시 캄보디아는 프랑스 식민 정권이 통제했지만, 군주제였기에 명목상 왕이 있었다. 폴 포트의 사촌 누나와 이복 누나가 당시 왕이던 시소왓 모니봉(Sisowath Monivong, 1927~41년 재위)의 후궁이었다. 폴 포트는 이복 누나와 매우 가까운 사이였고 초등 교육을 받던 10대 중반에는 그녀를 찾아 후궁들이 머무는 공간을 여러 차례 방문하기도 했다.

폴 포트는 아홉 살 때 불교 국가의 전통에 따라 1년 넘게 왕립 불교 사원에서 사미승(沙彌僧, 수련 중인 출가자 신분)으로 지냈다. 이후 프놈펜에서 살며 당시 캄보디아 최고의 엘리트 학교에서

인물로 읽는 동남아

프랑스 교육 과정에 따라 교육받았다. 1930년대 캄보디아는 가난했다. 다른 또래들이 초등 교육도 제대로 받지 못하던 때에 폴 포트는 특별한 엘리트 교육을 받은 지식인이었다.

어린 시절 폴 포트를 기억하는 사람들은 그가 예의 바르고 잘 웃는 아이였다고 말한다. 공부를 뛰어나게 잘하지는 못했던 것 같다. 그가 다니던 미셰 학교(École Miche)를 졸업하는 데 예정보다 2년이나 더 걸렸다. 1948년에는 캄보디아 명문 리세 시소왓(Lycée Sisowath) 고등학교에 합격했으나, 이후 상급반 진학에 실패하고, 기술 학교로 갔다. 그로서는 유쾌한 경험이 아니었을 것이다.

기술 학교 학생들은 그가 이전에 다녔던 학교 학생들보다 낮은 계급에 속했다. 상급반에 진학하지 못한 학생이 공부를 계속할 방법은 기술 학교에 가는 것뿐이었다. 이는 곧 그에게 전화위복이 되었다. 폴 포트는 이 기술 학교의 최고 학년으로 편입했는데 그해에 국비 장학생으로 선정되어 프랑스 공과대학에 유학할 자격이 주어졌다. 1949년 여름, 우수한 성적으로 졸업 시험에 통과하여 장학금도 받았다. 폴 포트는 이 일을 계기로 극소수의 상류층이 되었다. 1900년대 초부터 이때까지 자비 유학생을 포함해 외국에 다녀온 캄보디아인은 250명이 채 넘지 않았다.

1949년 스무네 살의 살로트 사르는 프랑스 유학길에 올랐다. 그는 파리에 있는 라디오전기학교(École Française de Radioélectricité)

에서 라디오 전자공학을 공부했다. 그는 이 시기 처음 좌파와 공산주의 사상을 접한다. 당시 프랑스는 프랑스 혁명 이후로 공산주의 사상 연구가 활발했다. 1951년 다른 캄보디아 유학생들과 함께 마르크스 클럽에 들어가서 공산주의를 공부하고 얼마 뒤 프랑스공산당에 가입한다. 또한 훗날 크메르루주를 함께 이끌 캄보디아의 젊은 좌파 민족주의자 그룹과 만나 교류한다. 폴 포트와 그의 동지들은 스탈린주의와 마오쩌둥주의, 그리고 프랑스 혁명 사상의 영향을 강하게 받았다. 폴 포트는 캄보디아를 공산화하여 사회적 불평등을 제거하면 부유한 국가가 될 것으로 여겼던 것 같다.

　파리에서 그는 공부보다 혁명 활동에 더 많은 시간을 보냈다. 2학년 통과 시험에서 2년 연속 떨어져서 장학금이 중단된다. 결국 학위 없이 3년 반 정도의 파리 체류를 마치고 1953년 프놈펜으로 돌아가는데, 공산주의 그룹 내에서 그를 캄보디아로 파견하려고 자원 형식을 취한 것으로 알려졌다. 당시 캄보디아의 정치적 내분이 심했기에 상황을 관찰할 필요가 있었다.

우익 친미 정권의 등장과

프놈펜 함락

귀국 후 그는 프놈펜에서 캄보디아 내 마르크스-레닌주의 운동(Cambodia's Marxist - Leninist movement)의 핵심 멤버로 활약했다. 그러면서 군주제를 반대하여 노로돔 시아누크(Norodom Sihanouk, 재위 1941~55년, 1993~2004년) 왕에 대항하는 게릴라 전쟁에 참여했다. 이 시기 폴 포트의 공식 신분은 교사였다. 1956년부터 1963년까지 프놈펜의 한 사립 학교에서 역사, 지리, 프랑스 문학 등을 가르쳤다.

시아누크 정부가 캄보디아 공산주의자들에 대한 단속을 강화하면서 1963년 폴 포트는 교사직을 그만두고 수도를 떠나야 했다. 이즈음 그는 폴 포트라는 가명을 쓰기 시작한다. 1965년 하노이에서 북베트남 정부 인사들을, 그리고 베이징에서 중국 공산당의 인사들과 덩샤오핑을 만났다. 당시 중국의 문화 혁명은 그의 정책에 영향을 미쳤다.

1966년 10월 폴 포트는 동료들과 캄푸치아공산당(CPK)을 조직했다. 이때까지만 해도 공산 혁명을 위해 게릴라 전투를 하던 소규모 조직에 불과했다. 그들은 시아누크 정부에 대항하다가, 1970년 론 놀 장군의 쿠데타로 우익 친미 정권이 수립되자, 이번에는 시아누크와 연합하여 론 놀 정권에 맞서 게릴라 전쟁을 벌였다. 크메르루주와 시아누크의 연합은 크메르루주 조직 확장에 크게 기여했다. 당시 많은 이가 크메르루주가 되었는데, 이들은 공산주의가 뭔지도 모르고 관심도 없었다. 단지 국왕을 지지하기 위해 정권에 맞서 싸우려는 농민들이었다. 크메르루주는 결국 1975년 정권을 전복시키고 프놈펜을 점령했다. 그러나 이는 역설적으로 캄보디아 암흑시대의 서막이었다.

폴 포트의 크메르루주는 대규모 강제 이주 및 집단 노동, 그리고 킬링 필드라는 반인륜적인 학살로 수많은 캄보디아인을 죽음으로 내몰았고, 그 결과 민심을 잃었다. 그리고 1979년 1월 베트남 군대의 침공으로 크메르루주 정권은 몰락했다. 폴 포트를 비롯한 크메르루주의 간부들은 태국 국경 근처 정글로 후퇴했다. 그곳에서 1990년대까지 게릴라전을 계속했으나 점차 세력이 쇠퇴했다.

1997년 6월 폴 포트는 조직 지도부에서 강제로 축출되었고 동료들에 의해 가택 연금에 처했다. 그리고 같은 해 7월 반역죄로 유죄 판결을 받았다. 다음 해인 1998년 4월 15일 폴 포트는 가택 연금 상태에서 수면 중에 사망했다. 그의 사망 원인은 심장 마비로 알려졌으나 독살 또는 자살이라는 소문이 돌았다. 부검은 이루어지지 않았고 따라서 정확한 의학적 사망 원인은 확인되지 않았다. 사망 3일 후 그의 시신은 쓰레기 더미 위에서 화장되었다. 엄청난 인명을 앗아간 최악의 독재자치고는 너무나 평화로운 최후였다.

몰락 후 사망에 이르기까지 폴 포트는 한 번도 잘못을 뉘우치거나 인정한 적이 없다. 자신이 저지른 강제 정책들을 '실수'라고 하거나 자신의 양심은 깨끗하다고 말하여 많은 이를 경악하게 했다. 크메르루주가 쫓겨난 지 40여 년, 크메르루주의 범죄는 제대로 청산되지 못했다. 2022년 9월 프놈펜에서 캄보디아 특별재판소(ECCC)의 마지막 재판이 있었다. 흔히 크메르루주 전범 재판으로 불리는 이 재판은 20세기 후반 최악의 반인도적 전쟁 범죄를 저지른 크메르루주 집단의 책임자들을 단죄하기 위한 목적으로 캄보디아와 국제 연합(UN)이 공동으로 설립한 재판소가 주관했다. 그러나 16년이라는 긴 시간과 국제 사회가 기부한 막대한 예산을 사용하고도 단 5명을 재판에 회부해 3명에게 무기 징역을 판결하는 데에 그쳤다. 그마저도 크메르루주 정권의 최고위층은 재판 중, 또는 복역 중 사망하여 마지막 재판을 피해갔다. 폴 포트는 감옥에 가지도 않고 가택 연금 상태에서 73세로 죽었다. 책임자들 대부분 70대에서 90대 초반까지 장수를 누렸다.

소수 엘리트의
그릇된 신념이 낳은 비극

폴 포트의 전기를 쓴 영국의 저널리스트이자 전기 작가인 필립 쇼트(Philip Short)는 크메르루주 대학살의 원인 중 하나로 1970년대 이래 계속된 미국의 무자비한 공습을 꼽는다. 이로 인해 폴 포트 정권이 급속도로 과격해지고 폭력화됐다는 것이다. 어떤 이들은 폴 포트가 도시적이고 개인주의적인 요소를 말소한 유토피아를 건설하려는 순수한 이상에서 시작했음을 강조한다.

투올슬렝 박물관에 전시된 크메르루주의 젊은 전사들. 위키미디어 코먼스 갈무리.

그러나 이유가 무엇이든, 그가 저지른 만행은 결코 옹호될 수 없다. 한 나라를 이끈 지도자에는 공(功)과 과(過)가 있고 여기에는 역사적 평가가 따른다. 역사는 폴 포트에게 유죄를 선고했다.

우리는 폴 포트의 크메르루주 집단 사례에서 교훈을 찾아야 한다. 소수 지식인의 그릇된, 광기 어린 이데올로기가 세상을 얼마나 큰 불행에 빠뜨리는지를 기억해야 한다. 폴 포트의 크메르루주 지도부는 10명 남짓이다. 이들은 거의 모두 상류층 집안 출신으로 프랑스에서 유학하거나 대학을 다닌 당대 최고의 지식인이었다. 그런 이들이 극단주의적인 공산주의자이자 민족주의자로서 폭력으로 권력을 장악하고 잘못된 신념을 국민에게 강요했다. 그들은 또한 온갖 잔혹 행위에 나이 어린 청소년

인물로 읽는 동남아

희생자들의 두개골. 프놈펜 인근 청아익(Choeung Ek)에 수많은 사람이 학살되어 매장되었다. 위키미디어 코먼스 갈무리.

을 동원하기도 했다. 크메르루주 정권하에 사람들을 감시·통제하고 처형을 맡았던 이들, 그리고 투올슬렝 감옥에서 감금, 폭행, 고문을 자행하며 감시원으로 일하던 이들 대부분 21세 미만의 청소년들이었다.

소수의 급진적인 사상가들이 그릇된 신념으로 대중을 밀어붙일 때 수많은 희생자가 생길 수 있음을 우리는 폴 포트의 사례에서 확인했다. 투올슬렝 감옥의 참상과 끔찍한 킬링 필드의 유골들은 우리에게 전하는 교훈이다. 이런 비극이 다시는 일어나지 않기를 기원한다.

하정민

부이쑤언파이(Bùi Xuân Phái, 1920-1988)

하노이의 옛 거리와
민중을 사랑한 화가

2000년대 이후 베트남 예술가들이 주목받고 있다. 크리스티, 소더비 등 세계 유수의 경매 시장에서 베트남 출신 화가들의 그림이 높은 값에 팔렸다는 소식이 자주 들린다. 레포(Lê Phổ)와 마이쭝트(Mai Trung Thứ)의 그림은 경매 시장에서 한 점당 15억 원에 거래된다고 한다. 이들은 프랑스 식민 지배하에서 설립된 인도차이나 미술학교 1기 입학생들이다.

인도차이나 미술학교는 빅토르 타르디유(Victor Tardieu)가 베트남인 화가 남선(Nam Sơn)과 협력해 1925년에 세운 학교로 서양 근대 화법을 베트남에 들여오는 데 주도적 역할을 했다. 인도차이나 미술학교는 레포, 마이쭝트 외에도 응우옌판짜인(Nguyễn Phan Chánh), 또응옥번(Tô Ngọc Vân), 쩐반껀(Trần Văn Cẩn), 응우옌자찌(Nguyễn Gia Trí), 부이쑤언파이(Bùi Xuân Phái) 등 베트

인물로 읽는 동남아

부이쑤언파이 말년의 모습. 위키미디어 코먼스 갈무리.

남 화단에서 내로라하는 화가들을 배출했다. 독립 이후에는 하노이 미술대학이 그 역할을 맡고 있다.

현역 베트남인 화가들도 세계 미술 시장에서 호평을 받는다. 예컨대 당쑤언호아(Đặng Xuân Hòa)의 그림도 높은 값으로 팔린다. 당쑤언호아는 하노이의 '갱 오브 파이브' 중 한 명으로서 미술계에 개혁의 바람을 일으키는 데 주도적 역할을 한 인물이다. 하찌히에우, 쩐르엉, 홍비엣쭝, 팜꽝빈, 당쑤언호아 등 1960년 전후 출생한 화가 5명은 1990년에 공동 전시회를 열어 미술계에 새바람을 일으켰다. 이는 베트남이 1986년 12월 제6차 공산당 대회에서 선포한 '도이 머이(Đổi Mới, 쇄신)'와도 깊은 관련이 있다. 정치적으로 개혁 정책이 도입될 무렵, 이들 화가는 기존의 사회주의 리얼리즘에서 벗어나 새로운 미술 사조를 제시했다. 예술품의 가치를 값으로 따질 수는 없지만, 오늘날 세계 미술 시장에서 베트남 화가들의 역량이 높이 평가받는다는 사실만큼은 분명하다.

인도차이나 미술학교의
마지막 졸업생

부이쑤언파이(이하 파이)는 현대 베트남 미술계에서 가장 널리 언급되는 화가 중 한 사람이다. 그는 프랑스 식민 지배, 독립과 분단, 개혁 이전 사회주의와 개혁 시기를 살아낸 인물이다. 베트남은 19세기 말에 프랑스 식민지로 전락했다가 태평양 전쟁기에 일본의 지배를 잠시 받는다. 1945년 9월에는 독립을 선포하지만, 프랑스가 식민 지배를 복구하려고 획책함으로써 1946년 말부터 8년 가까이 제1차 인도차이나 전쟁을 치른다. 분단된 베트남은 계속해서 전쟁을 치른다. 그때는 전쟁과 이념이 치열하게 맞부닥치는 시기였다. 파이는 이러한 베트남의 굴곡진 역사를 온전히 살아냈다. 그의 일생을 통해 베트남의 보통 사람들이 현대사를 어떻게 살아왔는지 엿볼 수 있다.

파이는 1920년 옛 하동성 하떠이현의 한 마을에서 태어났다. 이 지역은 지금 하노이시 서부의 호아이득현에 속해 있다. 이후 하노이 항티엑 거리에서 자란 파이는 1936년 인도차이나 미술

학교 예비 과정에 들어갔다가 1941년 정식으로 입학한다. 이 시기에 그는 주간신문 〈퐁호아(Phong hóa, 풍속)〉 〈응아이나이(Ngày Nay, 오늘)〉 등에 만화나 삽화를 그렸다. 파이의 선생은 당대 최고 화가인 또응옥번, 남선 등이었다. 1945년 인도차이나 미술학교가 문을 닫자, 그는 '항전 학급'으로 옮겨 공부를 계속한다. 이곳은 또응옥번이 전쟁터를 벗어나 산악지대에 문을 연 학교였다. 이듬해 졸업한 파이는 당시 여느 젊은이들처럼 프랑스에 저항하는 대열에 합류한다.

결국 파이는 베트민(베트남독립연맹, 월맹)에 동조한 혐의로 호아로 수용소에 15일간 구금되기도 했다. 베트민은 프랑스와 일본의 식민 지배에 저항하여 1941년에 결성된 대표적 민족 운동 단체로 1945년 베트남의 독립을 주도한 바 있다. 이후 그는 1952년 하노이로 돌아와 투옥박 거리에 있던 아버지 집에 스튜디오를 연다. 1955년 다시 문을 연 미술대학에서 학생들을 가르치면서 〈년반(Nhân Văn, 인문)〉과 〈자이펌(Giai Phẩm, 걸작)〉 잡지에 삽화를 그리기도 했다. 이 두 잡지는 사회주의 리얼리즘에서 벗어나 다양한 사조를 추구하던 자유 문예 운동의 기수였다. 당연히 공산당의 비판이 뒤따랐고 이 일로 파이는 미술대학을 그만두어야 했다. 파이의 실직은 가족들에게 어려움을 안겨줬다. 파이의 부인은 간호사로 일하며 생계를 꾸렸고, 파이가 그림을 계속 그릴 수 있도록 지원했다. 덕분에 그는 1958년부터 전업 작가의 길을 걷게 된다. 가난한 작가의 고된 길이었다.

부이쑤언파이가 그린 프랑스 항전기 하노이 풍경. 위키미디어 코먼스 갈무리.

　끝없는 전쟁의 와중에도 그는 병사보다 가족을, 전장이 아닌 하노이 거리를 그렸다. 하노이 옛 거리를 연작으로 그리게 된 시기도 이때다. 하노이 구시가지 36거리를 거닐다 집에 돌아와 자신이 본 풍경을 화폭에 옮겼다. 1964년에는 베트남미술협회가 파이를 초대해 '창작조'라는 조직에서 함께 활동하게 된다. 파이는 동료들과 지방을 돌며 산악지대, 해변, 시골 풍경을 화폭에 담았다. 미국이 B52 폭격기로 하노이를 12일간 밤낮으로 공습할 때는 방공호에서 〈하노이 미군기를 사격하다〉 같은 그림을 그리기도 했다. 많은 작품을 남겼지만 그의 주된 주제는 하노이 거리와 보통 사람들이었다.

주류 화단을 거부하고
자유로움을 추구하다

파이는 주류 미술계에서 조금 떨어져 있었다. 이념과 시대 조류에 휘둘리지 않고 순수 회화를 고집한, 조금은 '반골적' 성향 탓이다. 그를 저항적 예술가로 보기보다는 자유로움을 추구한 사람으로 보는 게 맞을 듯싶다. 이런 기질 때문에 활동을 제한받기도 했다. 어느 영화감독은 파이와 함께 작업하고 싶었으나, 주위로부터 그가 정치적·사회적으로 문제가 있으니 협력하지 말라는 충고를 들어야 했다고 털어놓았다.

전쟁이 한창일 때 많은 화가가 전쟁의 극렬함과 승리의 전망을 그렸다. 사회주의 체제가 분단된 북부에 정착하고 통일을 이루었을 때는 농촌과 공장에서 열심히 일하는 농민과 노동자들을 그렸다. 화단에는 항전과 사회주의 리얼리즘이 주류로 자리 잡았다. 국가의 부름에 따르지 않는 화가들은 극소수였다. 대부분 화가는 '혁명 화가'였다. 그러나 파이는 이러한 시대적 흐름에 동조하지 않았다. 그가 그린 여성 민병은 몇 점 되지 않으며 영웅적 전사로 표상되지도 않았다. 그저 보통 사람의 표정을 지닌 병사일 뿐이었다. 파이는 사회주의 예술 방침을 따르지 않고도 베트남 민중의 삶을 따뜻하게 그려 냈다.

파이의 그림이 해외에 처음 알려진 곳은 1940년 도쿄에서 열린 전시회였다. 거기에서 〈항팬(Hàng Phèn) 거리〉 그림이 처음으로 팔렸다. 파이는 1980년 〈다강 선착장(Bến Phà Sông Đà)〉으로 전국 미술상을 수상했다. 영화에도 관심을 보여 1981년 〈마지막 희망(Hy Vọng Cuối Cùng)〉, 1982년 〈어떤 사람 눈 속의 하노이(Hà Nội trong mắt ai)〉 등의 작품 제작에 참여했다. 1983년에는 우크라이나 영화사가 파이의 삶과 경력을 소개하는 〈파이의 거리〉를 촬영했다. 파이의 명성은 나날이 쌓여갔다. 그러나 베트남이 1980년대 후반 개혁에 착수하기 전만 해도 그의 작품이 널리 알려지지는 않았다.

어느 날 베트남인 화가와 결혼한 러시아인 나탈리아 크라에브스카야가 파이를 찾아왔다. 그는 파이의 그림을 외국인들에게 알음알음으로 소개했다. 파이는 1984년에야 개인전을 열 수 있었고 결과는 성공적이었다. 국내에서 명성을 키워가던 그는 1985년 하노이문화예술회 집행 위원을 맡게 됐다. 한편 베트남이 개혁에 착수하면서는 민간 화랑들이 들어서고 그림 판매가 활성화되었다. 크라에브스카야도 '살롱 나타샤'라는 이름으로 자택을 개방해 파이의 그림을 선보였다. 파이의 그림을 여러 점 가지고 있던 카페 럼(Lầm)의 주인 응우옌반럼도 그의 그림을 내놓았다.

이후 파이의 그림은 세계 수집가들의 주목을 받게 됐다. 그러나 안타깝게도 무엇이 파이의 그림인지 몇 점이나 그렸는지 알 길이 없었다. 그림의 총목록은 존재하지 않았고, 가짜 그림들이 나돌았다. 게다가 파이가 세간의 호평을 즐길 시간은 길지

인물로 읽는 동남아

부이쑤언파이가 그린 베트남 하노이 옛 거리 풍경. 위키미디어 코먼스 갈무리.

않았다. 폐암으로 세상을 떠나야 할 시간이 다가오고 있었다. 1988년 6월 그가 마침내 눈을 감았지만 그의 그림들은 사후에 더욱 아름답게 빛났다.

고난을 이겨낸
베트남의 얼굴

파이가 하노이의 옛 거리를 즐겨 그렸기에 사람들은 그가 그린 거리를 '포 파이(Phố Phai)'라고 부른다. '부이쑤언파이의 거리'라는 뜻이다. 베트남 국가인 진군가를 작곡한 반까오가

〈Phố Phái〉라는 시를 지어 파이에게 헌정하기도 했다. 파이는 하노이 옛 거리의 모습을 직선과 곡선의 조합으로 부드럽게 그려냈다. 화려해 보이지는 않는다. 진한 갈색의 기본 톤은 회색과 회색빛 도는 흰색과 조화를 이루며 곰팡이 핀 건물을 드러낸다. 1980년대 중반부터는 거리가 조금 밝아진 듯하다. 농촌 사람들의 삶은 부드러운 선으로 화폭에 담겼다. 누런 벌판과 곡식 더미들이 풍성한 농촌의 모습을 보여준다. 산악지대와 해변 풍경은 밝은 색조로 표현됐다.

통일 후 남부 사이공 거리의 모습은 빨간색과 노란색을 주로 하면서 녹색으로 포인트를 주어 밝게 표현됐다. 전통 가극 째오(Chèo)를 공연하기 위해 막 뒤에서 준비하는 배우들의 모습은 무척 화려하다. 도시와 농촌, 산간 지대와 해변 등을 그린 그의 작품은 보는 이에게 편안함을 느끼게 해준다. 이는 덥수룩한 수염에 수척한 얼굴을 한 자화상과 강렬한 대조를 이룬다. 그의 자화상은 어려운 시기를 이겨낸 베트남 사람들의 모습이다. 슬픈 눈빛이 특히 인상적이다. 어느 평자는 "시대의 슬픔을 드러낸 얼굴"이라고 했다. 베트남의 굴곡진 근현대사는 바로 파이의 삶이기도 했다.

베트남 정부는 1996년에 민족 문화에 기여한 공로로 파이에게 문화 예술 분야 호찌민상(Giải thưởng Hồ Chí Minh)을 수여했다. 파이가 혁명과 전쟁에 적극적으로 뛰어들거나 사회주의 예술 조류를 따르지 않았음에도 최고상을 받은 것이다. 첫 호찌민상 수상자 명단에는 베트남 화단의 거장들인 또응옥번, 응우옌샹, 응우옌뜨응이엠, 쩐반껀 등의 이름도 함께 올라 있었다. 정부가 그의 예술 세계를 민족 예술의 한 장르로 새롭게 자리매김한 결과였다. 이는 죽기 7시간 전까지 붓을 놓지 않았던 한 화가에게 보내는 찬사이기도 했다.

이한우

틱낫한(Thích Nhất Hạnh, 1926-2022)

시대의 아픔을 함께한
반전 평화의 가르침

틱낫한(현지 발음으로는 '틱녓한'에 가깝다)은 2022년 1월 향년 95세로 입적했다. 생전에 그는 '살아 있는 부처'로 불리며 세계에서 가장 영향력 있는 불교 승려로 꼽혔다. 일상의 마음챙김(mindfulness)과 내면의 평화, 자비, 비폭력을 강조했고 이를 실현하고자 '참여 불교'를 이끌었다. 프랑스에서 플럼 빌리지(Plum Village)라는 생활 공동체를 조직하여 서구 사회에 쉽고 명료한 언어로 불교를 전파했다. 그가 쓴 명상법과 마음챙김에 관한 책들은 30개 이상의 언어로 번역되어 전 세계에서 인기를 끌었다. 미국의 흑인 인권 운동가 마틴 루서 킹 목사는 그를 일컬어 "평화와 비폭력의 사도"라고 했고, 티베트의 영적 스승 달라이 라마는 "친구이자 영적 형제"라고 했다. 그렇다면 베트남 시골 마을 출신의 틱낫한은 어떻게 세계인의 영적 스승이 될 수 있었을까?

틱낫한은 1926년 10월 11일 베트남 중부 후에의 한 가정에서 5남 1녀 중 다섯째로 태어났다. 이름은 응우옌 딘 랑(Nguyễn Đình Lang)이었다. 그는 아홉 살 때 한 불교 서적의 표지에 있는 불상(佛像) 사진을 보고 평화로움과 고요함에 매료되었으며 그 느낌을 다른 이들에게 전하고자 출가를 결심했다고 한다. 이는 프랑스 식민 통치(1867~1945) 시절이던 당시 그가 현실에서 일상적으로 목격하던 불의나 고통과는 상반된 것이었다. 틱낫한은 1942년에 열여섯 살이던 해에 출가하여 후에의 뜨 히우(Từ Hiếu) 사원에서 수행을 시작한다. 1년 후에는 부근의 바오꾸억(Báo Quốc) 강원(講院)에 들어가 수행을 계속한다.

틱낫한의 청년기, 대략 1940년대 후반부터 60년대까지는 혼란과 격동의 시기였다. 프랑스의 식민 통치에 이어 일본의 침략, 이후 베트남 재점령을 노린 프랑스와의 독립 전쟁(1946~54)을 겪었다. 1954년 제네바 협정에 따라 남북으로 분단된 베트남은 서로 다른 체제의 정부가 대립했고, 국제전의 양상을 띤 내전이 10여 년간 계속되었다.

틱낫한은 어린 시절 프랑스군의 폭력과 전쟁으로 인한 상실을 겪었다. 국토 분단에 따른 불교계의 분열과 남베트남 초대 총통 응오딘지엠(Ngô Đình Diệm)의 불교 탄압 등 비극적인 사건이 끊이지 않았다. 이 시기 그가 받은 정신적인 고통과 시련은 훗날 서구에서 그가 펼쳐나간 활동의 밑거름이 되었다.

자애로운 미소를 보이며 대중에게 강연하는 틱낫한(2006년 프랑스 파리). 위키미디어 코먼스 갈무리.

틱낫한의
새로운 실험

1949년 봄, 23세 되던 해에 그는 불교 공부를 계속하고자 호찌민(당시 사이공)으로 향했다. 이즈음부터 그는 배움을 행동으로 옮기려는 의지를 다지며 스스로 법명을 '틱낫한'으로 바꾸었다. '틱(Thích)'은 석가모니의 석(釋)에서 온 것으로 승려를 뜻하며, '낫한(Nhất Hạnh)'은 일행(一行), 즉 하나의 실행을 의미한다.

호찌민에 도착한 틱낫한은 활발하게 활동한다. 1950년 가을 대나무와 초가지붕을 엮어 안꽝(Ăn Quang) 사원을 설립했다. 이곳

인물로 읽는 동남아

에서 당면한 시대적 문제에 불교의 가르침을 적용하고자 노력했고, '모든 불교는 삶에 참여한다'는 기치로 참여 불교를 주창했다. 이듬해인 1951년 그는 바로 이 안꽝 사원에서 수도승으로서 지켜야 할 규율인 비구계(比丘戒)를 받는다. 이후 호찌민 부근에서 젊은 승려들을 길러내고, 불교 저널을 출판했으며, 평신도들을 위해 일상에서 불교의 가르침을 적용할 방법들을 제안했다.

한편 틱낫한은 문학에도 관심을 보였다. 불교 승려로서 소임을 다하는 동시에 사이공 대학교 문학부에서 프랑스어 및 베트남 문학 학사 학위도 취득했다. 1949년 첫 번째 출판한 책은 베트남에서의 전쟁과 상실의 경험을 녹여낸 시집이었다. 이후 돌아가신 어머니를 기리며 쓴 아름다운 산문시를 엮은《주머니 속의 장미 한 송이(A Rose for Your Pocket)》, 프랑스 플럼 빌리지에서 쓴 많은 서적은 불교적 통찰로 많은 이에게 깊은 감명을 주었다. 그의 시집, 산문집 및 불교 교리를 다룬 책들이 전 세계에서 베스트셀러가 된 것은 우연이 아니다.

1955년 틱낫한은 후에의 바오꾸억 강원으로 돌아왔고, 1957년부터는 베트남 중부 산악지대에서 오두막 수행처 '프엉보이 (Phương Bối)'를 일구기 시작했다. 프엉보이는 '향기로운 종려나무 잎'이라는 뜻으로 음악과 시를 벗 삼아 영적 수행과 치유에 전념하는 불교 생활 공동체였다. 전통적인 불교 사원의 틀에서 벗어난 새로운 형태의 수행 공간으로, 불교 활성화를 위해 시도한 실험적 모델이었다.

틱낫한의 명성은 나날이 높아지고 있었다. 베트남 전국불교협회에서 공식 간행하는 저널의 편집장으로 일하면서 자신의 신념과 철학을 전파하고자 애썼다. 불교의 부흥과 분단된 불교계의 화합과 공생을 위해 모든 노력을 기울였으나 2년 만인 1958년 자금 지원이 중단되면서 위기에 빠졌다. 틱낫한의 대담하고도 실험적인 시도 등에 대한 반감과 저항이 원인이었다. 그는 크게 좌절했다. 여기에는 1956년 세상을 떠난 어머니에 대한 슬픔도 한몫했다. 견디기 어려운 고통 속에서 희망을 놓치지 않으려고 스스로 수행법을 연구했다. 틱낫한 하면 떠오르는 마음챙김과 호흡 수련, 느린 걷기 명상법이 이때 구체화되었다. 이러한 노력 덕분에 틱낫한은 깊은 좌절과 우울에서 벗어날 수 있었다.

참여 불교,
전쟁과 가난의 고통 속으로

1959년 봄 틱낫한은 베트남 전국불교협회의 공식 간행물 편집자로서 일본에서 열린 국제 석가 탄신일 축하 행사에 초대받아 참석한다. 그의 첫 번째 해외여행이었다. 이 여행은 그의 시야를 넓혀주었고 세계 불교공동체 네트워크와 서구 도서관에 소장된 불교 서적들을 알게 되는 계기가 되었다. 귀국 후 틱낫한은 미국 정부가 주관하는 풀브라이트 장학금을 받으며 미국

유학길에 올랐다. 1961년부터 62년까지 프린스턴 신학대학교에서 비교 종교학을 공부하고, 이후 1년간 콜롬비아 대학에서 연구를 계속했다.

틱낫한은 베트남에서 태어나고 출가하여 승려가 된 인물이다. 그러나 한편 그는 자신의 길을 깨닫게 된 곳은 서양이었다고 말한다. 미국 생활은 평화로움과 고요함으로 가득했고 그 안에서 처음으로 행복과 평화를 느꼈다. 그의 통찰은 원숙해져갔고, 마음속으로 개인과 사회 모두를 이롭게 하고자 일생을 바칠 의지를 다졌다. 이 시기 그는 일기에 이렇게 적었다. "친구들은 당신이 그들에게 익숙한 모습으로 나타나길 바라지만 그건 불가능하다. 변화하지 않는다면 어떻게 계속 살 수 있겠는가? 살기 위해서 우리는 매 순간 죽어야만 한다. 우리는 삶을 가능하게 하는 폭풍우 속에서 소멸하고 또 소멸해야 한다."

틱낫한이 미국에서 새로운 길을 모색하는 동안, 베트남 불교계의 상황은 악화되었다. 1963년 봄, 남부 베트남의 응오딘지엠 정권은 불교를 탄압했고 많은 승려가 희생되었다. 같은 해 11월 지엠 정권이 몰락하자 틱낫한은 귀국 요청을 받고 호찌민으로 돌아왔다. 이후 1966년까지의 기간은 틱낫한이 젊은 세대와 함께 사회봉사, 교육, 공동체 건설 등 자신의 사회적 비전을 치열하게 실행에 옮긴 시기였다.

당시 베트남은 여전히 가난하고 혼란스러웠다. 그는 승려도 사원 안에서 명상만 할 것이 아니라 현실에 깊이 참여하여 전쟁

2007년 베트남 귀국 시 베트남 승려들과 함께 불교 의식에 참여한 모습. 위키미디어 코먼스 갈무리.

과 가난으로 고통받는 이들을 도와야 한다고 여겼다. 1965년에 틱낫한이 세운 청년사회봉사학교(School of Youth and Social Service) 는 이러한 참여 불교 운동의 일환이었다. 수천 명의 학생 자원 봉사자들에게 실용적인 기술을 가르치고 영적 회복력을 돕는 훈련을 시켰다. 이후 현지에서 폭격당한 마을 재건, 학교 및 의료 센터 설립, 전쟁으로 집을 잃은 이들의 재정착을 돕는 활동을 벌였다. 1966년 2월에는 전통적인 불교 보살 계율에 기반한 조직인 '오더 오브 인터빙(Order of Interbeing)'을 설립했다. '인터빙'은 틱낫한이 창안한 말로, 세상 만물이 서로 의지하며 공존함을 의미한다. 이는 또한 자연의 섭리를 무시하고, 서로 죽고 죽이는 전쟁을 거듭하는 자들을 향한 단호한 꾸짖음이었다.

인물로 읽는 동남아

망명지에서 펼친
반전 평화 운동

베트남 전쟁은 좀처럼 끝날 기미가 보이지 않았다. 1965년 남베트남 군부가 정부를 장악하고 미국이 대규모 전투 부대를 파견하면서 상황은 더 심각해졌다. 틱낫한과 주요 지식인들은 서구의 저명한 인도주의적 인사들에게 베트남인들은 전쟁을 원하지 않는다는 것을 서신으로 알렸다. 한편 틱낫한은 직접 미국으로 건너가 폭력 중단을 촉구할 목적으로 1966년 5월 11일 베트남을 떠난다. 짧은 여행을 계획했으나, 그가 다시 베트남 땅을 밟기까지 무려 39년이라는 긴 시간이 걸렸다.

1966년 5월 31일 틱낫한은 시카고 쉐라톤 호텔에서 마틴 루서 킹 목사와 함께 미국의 베트남 폭격 중단을 촉구하는 기자 회견을 연다. 이듬해 마틴 루서 킹 목사는 틱낫한을 노벨 평화상 후보로 지명했으나 아쉽게도 그해 수상자는 없었다. 1968년 마틴 루서 킹 목사가 암살로 사망할 때까지, 두 사람은 깊은 교유(交遊)를 가진 것으로 알려져 있다.

틱낫한은 이후 세계 여러 나라를 돌며 즉각적인 휴전과 미군 철수 등을 촉구했다. 그러나 그의 강력한 평화 요구는 뜻밖에도 베트남 남부와 북부 양측에서 모두 환영받지 못했다. 오히려 민족 반역자로 비난받았고 그의 평화 운동은 반국가 행위로 규정되었다. 결국 틱낫한의 귀국은 금지됐다.

반전 평화 운동과 함께 틱낫한은 베트남에 구호 활동을 지원하는 노력을 계속했다. 고아가 된 수천 명의 어린이를 후원했으며, 일명 '보트피플'로 불리던 베트남 난민을 위한 구제 활동을 펼쳤다. 고국으로 돌아갈 수 없는 상황에서도 그는 전 세계에 평화와 형제애의 메시지를 알리는 일을 멈추지 않았다.

베트남 정권의 탄압으로 틱낫한은 1973년 프랑스로 망명했다. 젊은 시절 그는 전쟁과 상실, 가난의 고통을 목격했다. 그는 사람들의 상처를 치유할 가장 좋은 방법은 마음챙김과 생활 공동체라고 확신했다. 1950년대 베트남 중부 고원에 세운 프엉보이가 그 좋은 예였다. 망명 생활을 하면서도 이러한 신념을 실천에 옮기는 데 주저하지 않았다. 프엉보이를 모델 삼아 세계 곳곳에 마음챙김 수련센터를 설립했다. 1975년 파리 근방에 '스위트 포테이토(Sweet Potato)'라는 공동체를 만들었고, 1982년에는 프랑스 보르도 근교의 더 넓은 장소로 옮겨 '플럼 빌리지(Plum Village)'를 창설했다. 플럼 빌리지는 훗날 서양에서 가장 크고 활발히 활동하는 불교 사원으로 성장한다. 미국에도 '그린 마운틴 수행원'과 '디어파크 수도원' 등을 세웠는데, 이는 물질 숭배 문화에 지친 서구인들에게 정신적 위로를 제공하는 공간이었다.

그가 세운 수행센터가 인기를 끈 이유는 그의 가르침이 여느 불교의 명상법과 달랐기 때문이다. 틱낫한은 불교 심리학과 서양 문화에 대한 탄탄한 이해를 바탕으로 편안하고 자비로운 소통과 화해를 위한 불교 수행법을 개발했다. 야외를 걸으며 하는 걷기 명상, 친밀하고 편안한 환경에서의 하는 식사 명상, 누운 자세에서 휴식하며 하는 명상 등, 일상의 매 순간 실행할 수 있는 수행법이었다. 이는 오늘날 세계적으로 대중화된 마음챙김 수련에 훌륭한 모범이 되었다.

그가 제시한 수행법에는 틱낫한 자신의 아픈 체험이 녹아 있다. 스스로 자기 가르침의 핵심으로 설명한 "도착했습니다. 집에 왔습니다"라는 문구는 고향인 베트남으로 돌아가지 못하는 현실의 고통을 직시하고 수행하고 치유하면서 만들어졌다. 그는 이러한 수행 덕분에 '지금' '여기'에서 '진정한 집'을 찾을 수 있었다고 한다.

2022년 5월에는 그의 구도 생활과 일상, 강연 활동과 철학 등을 담은 다큐멘터리 영화 〈나를 만나는 길(Walk with Me)〉(2017년 미국에서 제작)이 상영되었다. 영화 속에서 그는 말한다. "마음챙김 수행은 도착하는 것입니다. 지금 여기에 도착하는 것. (…) 우리는 늘 무언가를 찾고 구하고 갈망하지만 찾지 못해요. 그래서 계속 달립니다. 얼마나 오래, 얼마나 더 많이 달려야 찾을 수 있을지 우리는 모릅니다. (…) 삶과 그 경이로움은 오직 현재의 순간에만 우리 곁에 있어요. 과거는 이미 지나갔고, 미래는 아직 오지 않았으니 오직 현재의 순간만 있습니다. 마음챙김 수행은 지금, 여기로 돌아오게 하고, 삶을 더 깊이 사는 법을 가르쳐 줍니다."

지금 여기에서
평화를

틱낫한은 우리나라에도 잘 알려져 있고, 저서도 여러 권 소개되었다. 틱낫한은 한국에 세 차례 방문했다. 1995년 첫 방문은 큰 주목을 받지 못했으나, 그의 저서 《화》가 2002년에 베스트셀러가 되면서, 이듬해 방문은 대중의 주목을 받았다. 걷기 명상도 붐을 일으켰다. 그는 송광사를 방문해 설법하고, 경기도 파주에서 한반도의 평화를 기원했으며, 당시 미국과 전쟁 중이었던 이라크의 평화를 기원했다. 2013년 방한 때는 월정사와 범어사에서 설법하고, 잠실실내체육관에서 마음챙김과 명상법, 평화에 대해 대중 강연도 했다. 이후에도 한국 불자들에게 꾸준히 메시지를 보냈다.

베트남 정부는 2005년이 되어서야 틱낫한의 귀향을 허가했다. 베트남이 세계무역기구(WTO) 가입 신청을 한 해였다. 200명이 넘는 승려와 불자들로 구성된 대규모 대표단과 함께 귀국한 틱낫한은 베트남 군중의 환영을 받았다. 하노이, 후에, 호찌민 등 여러 지역을 다니며 강연했고, 많은 출가·재가 신도들이 그를 따랐다. 틱낫한이 젊은 시절 세웠던 프엉보이와 가까운 곳에 '바트나(Bát Nhã)' 사원이 설립되었고, 빠르게 성장했다. 베트남 정부는 돌연 폐쇄 조치를 내렸는데 그들이 여전히 틱낫한의 영향력이 커지는 데 위협을 느끼고 있음을 알 수 있다.

2008년 인도 뉴델리에서 '용기와 자비로 이끄는 리더십'을 주제로 열린 강연회에 연사로 참석한 틱낫한 (왼쪽에서 두 번째). 위키미디어 코먼스 갈무리.

귀국 금지 조치가 풀린 후에도 해외에서 포교를 계속하던 틱낫한은 2014년 뇌졸중으로 쓰러진다. 오른쪽 절반의 몸이 마비되고 말을 할 수 없게 되었다. 요양을 계속하던 스님은 자신이 출가했던 후에 부근의 뜨히에우 사원에서 여생을 보내고자 2018년 영구 귀국했다. 그리고 2022년 1월 22일 96세(법랍 80세)의 나이로 입적했다.

쉽고 간결한 말들로 풀어 설명한 그의 가르침들은 많은 이에게 깊은 감명을 주었다. 빠르게 변화하는 삶을 사는 현대인들은 오래도록 그의 가르침을 기억할 것이다. 틱낫한의 말에는 공허함이 없다. 한 마디 한 마디가 모두 젊은 시절 몸소 겪은 역경과 고난 속에서 피어났기 때문이다.

하정민

쁘리디 파놈용(Pridi Banomyong, 1900-1983)

초대 헌법을 기초한
태국 민주주의의 상징

태국 배낭 여행객들의 천국이라는 카오산로드를 나와 짜오프라야강을 따라 올라가다 보면 탐마삿 대학 후문이 나온다. 강변에 있는 학생 식당을 지나 올라가면 노란색 건물이 나타난다. 중세 유럽의 성탑처럼 높이 치솟은 지붕이 인상적이다. 바로 앞에는 동상이 하나 있다. 1934년 탐마삿 대학을 세운 초대 총장 쁘리디 파놈용(1900~1983)이다. 가운을 입고 의자에 앉은 그의 발아래에는 형형색색의 부케가 놓여 있다. 아침에 새로 가져다 놓은 듯 싱싱한 꽃들이 마치 그를 지켜주는 듯하다.

교과서나 역사책에 나오듯 태국은 동남아시아에서 유일하게 서구의 직접적 식민 통치를 받지 않은 나라다. 수십 년간 이어진 군부 독재로 빛이 바랬지만, 동남아시아에서 처음으로 입헌 민주주의 제도를 도입한 나라이기도 하다. 1932년 6월 24일 군부와 법률가, 민간인이 주도하여 일어난 '인민당' 혁명은 짜끄리 왕조의 절대 왕정을 종식하고 입헌 군주제와 내각제를 도입한다. 이 혁명의 주역이 바로 법학자이자 정치가, 사회 운동가인 쁘리디 파놈용이다. 태국 민주주의의 아버지라고 불릴 자격이 충분하다. 그러나 그의 업적은 군사 독재에 가려진 태국 민주주의의 역사만큼이나 곡절을 겪는다. 공산주의자라는 비난과 왕의 암살에 연루되었다는 오명으로 지워졌다가 최근 학생들이 주도하는 민주화 운동이 세계적으로 주목받으면서 재조명되기 시작했다.

입헌 민주주의를
꿈꾸던 청년

2020년 4월, 1932년 혁명을 기념한 동판이 갑자기 사라지자 언론과 민주화 운동가들은 과거 군사 쿠데타로 정권을 장악한 쁘라윳 짠오차 정부가 의도적으로 민주화의 상징물들을 없앤다고 비판했다. 그해 6월 24일 열린 인민당 혁명 88주년 기념행사에 엠제트(MZ) 세대 민주화 운동가 100여 명이 모여 인민당 혁명 선언을 읽고 태국 민주주의 시대를 연 쁘리디 파놈용 정신 계승을 선언했다. 몇 달 지나지 않아 이들은 혁명 이후 처음으로 왕실 개혁을 요구한다.

쁘리디 파놈용은 1900년 방콕 이전 시암 왕국의 수도였던 아유타야에서 출생했다. 1983년 파리에서 사망하기까지, 그의 삶은 법률가이자 정치인으로 활동하던 전반기와 1947년 군부 쿠데타 이후 싱가포르, 중국, 프랑스로 이어진 망명 생활을 해야 했던 후반기로 나누어볼 수 있다. 태국 민주주의의 아버지 쁘리디는 왜 고향으로 돌아오지 못하고 타국에서 조용히 인생을 마감해야 했을까? 이를 알아보려면 혁명과 전쟁의 소용돌이가 휘몰아치던 그의 청년 시절을 먼저 살펴보아야 한다.

시골 농부의 아들로 태어난 쁘리디는 고등학교 과정을 열네 살에 모두 마친 수재였다. 아직 대학에 입학할 수 있는 나이가 되지 않았기에 2년 정도 아버지를 도와 농사를 짓다가 열일곱 살이 되던 해 방콕에 있는 사법부가 운영하는 로스쿨에 입학한다. 1919년 변호사 시험에 최종 합격하지만 여전히 나이가 어려 만 20세가 되어서야 변호사 활동을 시작할 수 있었다. 그는 1920년 사법부 장학생으로 발탁되어 프랑스로 유학을 떠난다. 1924년 캉 대학에서 법학 학사 학위를 받자마자 파리 정치대학에서 법과 정치 경제를 전공하고, 1926년 법학 박사 학위와 정치경제대학원 졸업증을 받는다.

프랑스에서 공부만 한 것은 아니었다. 학부 시절 파리에 있는 시암 대사관의 도움으로 프랑스와 스위스 등지의 유학생과 시암 지식인 협회를 세워 조국의 역사와 미래에 대한 고민을 나누었다. 이들은 절대 군주제의 비합리성을 비판하고 입헌 군주제

총리 재임기의 쁘리디 파놈용. 위키미디어 코먼스 갈무리.

에 대한 희망을 공유했다. 1926년 2월에는 훗날 '인민당 창립총
회'로 불릴 만한 첫 번째 모임이 파리에서 열린다. 이 자리에서
는 쁘리디와 미래의 정치적 라이벌이 될 피분 송크람을 포함한
7명의 유학생이 참석한 가운데 1932년 인민당이 절대 왕정을
쿠데타로 무너뜨리며 발표한 독립, 평화와 질서, 경제, 평등,
자유, 그리고 교육 보장이라는 6개의 원칙이 만들어진다. 이듬
해 4월 쁘리디는 시암으로 돌아온다.

쁘리디는 귀국한 지 얼마 지나지 않아 사법부 소속 판사이자
로스쿨 강사가 된다. 그는 바쁜 와중에도 방콕 중심지에 법대생
을 위한 무료 법률 교육 과정을 열고 직접 인쇄소를 운영해 법
률 서적 등을 출판하는 등 어린 학생들에게 기회의 폭을 넓히는
데 힘썼다. 의도했든 그렇지 않든 쁘리디가 운영한 교육 과정

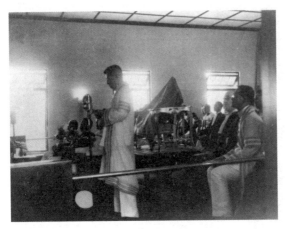

1935년 탐마삿 대학에서 강의하는 쁘리디 파놈용. 위키미디어 코먼스 갈무리.

참가 학생 다수는 인민당 지지자가 되었고, 이들이 있었기에 혁명은 성공할 수 있었다. 그렇게 평범한 법학자의 삶은 1932년 6월 24일 일어난 인민당의 혁명으로 급격히 바뀌기 시작한다.

혁명의 열기를
개혁의 동력으로

인민당 혁명 성공 직후 쁘리디는 인민당 하원 의원 대표로 선출돼 제헌위원회에 들어간다. 그에게 주어진 임무 중 하나는 임시 헌법의 초안을 마련하는 것이었다. 시암의 주권은 국민에게 있고, 모든 권력은 국민으로부터 나온다는 기본 원칙과 삼권 분립의 원칙을 담은 이 임시 헌법은 1932년 12월 10일 라마 7세 쁘라차티뽁 왕이 공포함으로써 태국 민주주의 시대의 시작을 알렸다. 이후에는 인민위원회 위원이 되어 인민당이 약속한 국가 경제 계획 수립 임무를 맡는다. 쁘리디는 새 정부의 역할과 극복해야 할 문제점을 담은 개요안을 국회에 제출하는데, 이는 그동안 법학자이자 혁명가로서의 그가 얻은 명성을 뒤흔드는 사건이 된다.

개요 서두에서 쁘리디는 1932년 6월 혁명에서 발표한 6개 원칙 중 세 번째 원칙인 완전 고용과 국가 경제 계획 수립을 통한 복지 증진의 목표를 다시 한번 확인한다. 절대 왕정제가 폐지된 만큼, 봉건지주를 중심으로 돌아가던 시암 경제의 전근대성을 혁신적으로 바꾸어야 한다는 내용이었다. 여기에는 땅을 소유하지 못한 가난한 소작인들이 당장 끼니를 걱정해야 하는 현실을 바꾸기 위한 토지의 국유화, 국립 은행 설치, 공공 고용, 사회 보장제도 등이 포함되어 있었다. 다수의 인민당 의원들이 찬성했지만, 군부와 왕실 지지자들, 보수 정치인들은 이에 반발하면서 쁘리디가 공산주의자라고 비난했다. 이에 쁘리디는 인민당 지도자 자리에서 물러나고 다시 선거에 출마하려고 했으나 좌절하고 만다. 총리는 쁘리디와 그의 아내를 프랑스로 내쫓다시피 하고는 그의 귀국을 영원히 막으려는 듯, 1933년 의회는 태국 최초의 '반공주의에 관한 법안'을 통과시킨다.

그러나 시암의 절대 왕정을 종식시키고 초대 헌법을 만든 쁘리디의 인기와 상징성을 당시 그리 힘을 쓰지 못했던 반공주의로 끌어내릴 수는 없는 일이었다. 대중들은 쁘리디의 귀국을 원했고 결국 의회는 1933년 9월에 쁘리디를 내무부 장관으로 임명하고 귀국 명령을 내린다. 그러나 정치적 의심은 여전하여, 1933년 12월에 쁘리디의 사상 검증을 위한 특별위원회가 구성된다. 심문을 맡은 법학자는 이번에도 쁘리디가 1933년에 쓴 국가 경제 계획 개요안을 문제 삼았다. "프롤레타리아트 독재하에서 구사회의 세력과 전통에 맞서고 앞으로 등장할 새로운 부르주아지와 영원히 싸울 것인가?" 쁘리디의 대답은 간단했다. "나는 어떤 형태의 독재도 싫다. 프롤레타리아 독재뿐 아니라 어떤 계급의 독재도 싫다." 위원회는 쁘리디가 공산주의자가 아니라고 발표한다.

1934년부터 쁘리디는 다양한 정부 관료직을 두루 거치며 인민당이 초기에 세운 6개의 원칙을 현실화하고자 애썼다. 내무부 장관 시절에는 지방자치제를 시행하여 지방 관료를 주민이 직접 선출하게 한다. 새로운 지방 행정법에 따라 지방자치단체에 공공 사업부를 설치하고 병원을 짓고, 농부들을 위한 보를 만들며, '교도 정착지'를 만들어 전과자들에게 재취업의 기회를 제공하는 등의 사업도 시행한다. 다양한 학문의 기회를 제공하고자 자연 과학 및 정치를 가르칠 대학 설립을 정부에 제안했고, 이렇게 1934년에 문을 연 첫 국립 대학이 바로 탐마삿 대학이다.

1936년에는 외교부 장관이 되었다. 약 2년간 재임하면서 쁘리디가 집중한 과제이자 훗날 가장 뛰어난 업적으로 알려진 것이 바로 과거 짜끄리 왕조가 유럽, 미국, 일본 등과 맺은 불평등 조약의 취소였다. 당시 시암은 총 15개 국가와 불평등 조약을 맺고 있었다. 상대국은 치외법권과 관세, 대출 금리 등과 관련한 특혜를 누리고 있었다. 쁘리디는 협상과 설득을 통해 이 중 12개 국가의 치외법권과 무역 특혜를 철회시켰다. 1938년부터 1941년까지는 재무부 장관을 지내면서 왕실이 직접 거두어가던 직접세를 다수 폐지시키는 대신 상위 소득 계층에 부가세를 부여하여 이전 왕들이 탕진한 국고를 채웠다. 아편과 담배에 대한 국가 독점도 세수 확보를 목적으로 시작되었다. 영국과 미국 기업이 소유한 태국 담배 생산권도 이양받았다. 2차 세계 대전이 시작될 무렵에는 당시 정부 보유 파운드화가 경쟁력이 떨어질 것을 우려하여 금으로 바꾸거나 미국의 달러를 사들였다.

쁘리디가 재무부 장관을 지내는 동안 그가 경제 계획 개요안에서 제안한 내용들이 다수 실현되었다. 사립 은행을 허락하되 이를 보완하고자 국립 은행을 설립했다. 서민과 농민들을 괴롭히던 과다한 세금들을 없애는 대신, 급변하는 국내외 상황에 대처하면서 환율 차이를 이용한 투자나 수출용 환금 작물의 독점, 부가가치세 부과 등으로 내실을 챙겼다. 그러나 이러한 개혁들은 1941년부터 본격화한 태평양 전쟁으로 위기를 맞게 된다.

짜끄리 왕조의 섭정에서
망명자 신분으로

1940년 9월 프랑스령 인도차이나 지역을 군사적으로 점령한 일본은 프랑스 비시 정권(Vichy France)과 협정을 맺어 이 지역에 대한 지배권을 확보한다. 주변국들이 일본의 영향권으로 들어간 상황에서 태국은 대책을 마련해야 했다. 시암 왕국은 1939년 6월 24일 정식으로 국호를 태국을 정하고 새로운 국민 국가 건설에 주력하고 있었다.

쁘리디와 함께 인민당 혁명을 지도했던 피분 송크람은 총리가 되어 태국 국민 국가 건설 프로그램을 시행했는데, 그중 하나가 '잃어버린 영토 회복' 캠페인이었다. 이에 일본은 피분에게 접근하여 태국 땅을 자신들이 버마와 말레이시아 등지로 확장해나갈 거점 지역으로 쓸 수 있게 해준다면 그 대가로 태국이 과거에 서구 제국에 빼앗긴 땅을 되찾게 돕겠다고 약속한다. 이에 피분은 1941년 12월에 일본과 군사협정을 체결하고 한 달 후인 1942년 1월 25일에 미국과 영국을 비롯한 연합군에 전쟁을 선포하기에 이른다. 한편 피분은 전시 총리 권한을 확대하고자 했다. 민주주의자인 쁘리디로서는 이를 받아들일 수 없었다. 그는 총리 명령에 대한 거부권(veto)을 만들며 저항했다. 그러나 피분과 일본의 동맹이 굳건히 이어지자 쁘리디는 자유 타이라는 지하조직을 주도해 파시스트적 피분 정권과 일본 제국주의

　　　　　　　　　　　　인물로 읽는 동남아

에 맞선 투쟁을 전개해나갔다. 결국 1944년 7월 피분은 사임한다. 일본이 제국주의적 야욕을 드러내며 태국에 접근하는 과정에서 가장 걸림돌이 된 인물이 바로 쁘리디였다.

그런데 1946년 아난다 마히돈 왕이 암살당하는 사태가 발생한다. 이에 쁘리디는 공백 상태인 찌그리 왕조의 섭정을 맡게 된다. 쁘라차티뽁 왕(라마 7세)이 퇴위했을 때(1935년), 후임으로 선왕의 조카인 아난다 마히돈을 왕위에 올린 이가 바로 쁘리디였고, 태평양 전쟁 종전 이후 해외에 유학 중이던 푸미폰 아둔야뎃(아난다 마히돈의 동생)의 태국 귀환을 추진해 라마 9세로 즉위하도록 지원한 이도 쁘리디였기에, 어찌 보면 자연스러운 일이기도 했다.

새로운 왕이 즉위하자 쁘리디는 섭정직을 사임하고 정치 원로로서 2차 대전의 추축국인 일본의 편에 섰던 태국의 명예 회복에 나선다. 그러나 함께 활동했었던 자유 타이 세력이 정계를 장악하기 시작하면서 군부와의 갈등이 불거진다. 결국 1946년 3월 쁘리디는 혼란을 잠재우기 위해 다시 총리직을 맡는다. 그리고 같은 해 12월 태국은 국제 연합(UN)의 55번째 회원국이 된다.

쁘리디와 자유 타이 세력의 정계 장악은 의도치 않은 결과를 낳는다. 태평양 전쟁 당시 자유 타이 운동을 주도한 세력 중 하나가 바로 미국과 영국 등지에 있던 짜끄리 왕조의 왕족들이었기 때문이다. 종전 후 왕실 지지 세력은 왕권 강화를 꾀하고 있었다. 그러던 와중에 아난다 왕이 방콕의 왕궁 내 자신의 침실

방콕 탐마삿 대학에 있는 쁘리디 파놈용 동상. 위키미디어 코먼스 갈무리.

에서 총상을 입은 채 발견된다.

갑작스러운 왕의 사망 소식에 책임을 느낀 쁘리디는 총리직에서 사임한다. 그러나 사망 원인에 대해서는 논란이 계속되었다. 결국 1947년 왕의 죽음을 핑계로 군부는 쿠데타를 단행한다. 정권을 잡은 군부는 쁘리디를 몰아세운다. 국왕 암살 사건이 쁘리디가 헌법을 고쳐 태국 군주제를 약화시킨 결과가 아니냐고 추궁했다. 엎친 데 덮친 격으로 정적이던 피분 송크람이 다시 총리직을 거머쥐면서 위협을 느낀 쁘리디는 태국을 떠난다.

정권의 압박을 피해 베트남으로 갔을 때 사람들은 이를 이유로 호찌민과 다름없는 공산주의자라고 비난했다. 당시 국제 정세는 '총탄 없는 전쟁'으로 미화된 냉전으로 치닫고 있었고 조국의 독립과 민주화를 향했던 헌신은 공산주의자이자, 국왕 암살의 배후라는 비난 속에 묻혀버린다.

민주주의자로서의 삶, 되찾은 영광

망명 기간 내내 라마 8세 암살 의혹에 시달렸지만 쁘리디는 태국 군부 독재에 대한 비판을 멈추지 않았다. 1949년 2월 26일 '자유 타이' 세력과 공조하여 군부 정권 전복을 시도했으나 실패한다. 한편 1947년 군사 쿠데타 이후 정계로 복귀한 피분은 실권이 없는 종이호랑이나 다름없었다. 신군부 세력이 그의 입지를 좁혀갔기 때문이다. 결국 피분이나 쁘리디 같은 기성 정치인은 설 자리를 잃었다.

냉전 시기 태국의 정치를 장악한 신군부 세력은 서구의 자유를 경험한 지식인들과 달리 자국 내에서 교육과 군사 훈련을 받은 보수적이고 국수주의적인 성향의 사람들이었다. 피분은 미국의 힘을 빌려 권력을 유지하고자 했다. 한국 전쟁이 터지자 곧바로 참전 선언을 하고 태국군을 파병했으며 그 대가로 미국의 원조와 차관을 받았다. 그렇게 태국은 냉전 시기 미국이 주도하는 '자유 진영'의 전초 기지가 되었다.

1965년 마오쩌둥(오른쪽)을 만난 쁘리디 파놈용. 위키미디어 코먼스 갈무리.

한국 전쟁 시기 태국의 사회주의자와 진보 세력은 태국군 귀환을 촉구하는 반전 평화 운동을 벌였다. 거리에서 서명 운동을 벌였고 다수의 태국 시민이 동참했다. 이들이 1952년 10월 베이징에서 열리는 세계평화회의에 대표단을 파견한다고 발표하자, 피분은 이를 반란으로 규정짓고 이들이 쿠데타를 꾀하고 있다며 비난한다. 뒤이어 경찰청장은 "선전물 제작과 배포 등 공산주의 확산을 돕는 것으로 의심되는 모든 사람에 엄격한 조치"를 취하라고 명령한다. 마녀사냥이 시작되자 피분은 정적인 쁘리디를 지목한다. 그리고 국내에 남아 있던 쁘리디의 아내와 아들을 구속한다.

쁘리디는 이에 아랑곳하지 않고 군부 정권에 대한 비판을 이

인물로 읽는 동남아

어나간다. 1948년 베트남을 떠나 프랑스에서 망명 생활을 계속하던 중 1983년, 철학적·사상적 고향이자 청년 시절 민주화의 꿈을 키웠던 제2의 고향에서 눈을 감는다.

1934년 쁘리디가 건립을 제안한 탐마삿 대학이 문을 연 이래로 18년 동안, 그는 이 대학의 총장을 맡았다. 탐마삿 대학 후문 입구에는 이렇게 쓰여 있다. "나는 탐마삿을 사랑합니다. 왜냐하면 탐마삿은 나에게 사람들을 사랑하는 법을 가르쳐주기 때문입니다." 탐마삿 대학을 통해 쁘리디가 이루고 싶었던 목표는 바로 민주주의, 특히 서민을 위한 민주주의의 전파였다. 이는 지금까지도 탐마삿 대학의 기본 정신으로 남았고, 학생들은 태국의 민주화를 위해 오늘도 싸우고 있다.

현시내

2장

근대와 민주주의라는 갈림길

수카르노(Sukarno, 1901-1970)

인도네시아를 이끈
통합의 민족주의자

역사는 흐른다고들 한다. 역사가 마치 거대한 강처럼 발원하고 물길을 이루어 흐르며, 때로는 격렬하고 때로는 유유한 흐름으로 합류와 분류를 거듭한다는 비유다. 1920년대에서 1960년대까지 식민지 해방과 국가 만들기가 이어진 인도네시아 현대사는 말 그대로 대하(大河)의 서사였다. 특기할 대목은 40여 년 서사에서 합류 지점마다 한 인물이 서 있다는 점이다. 바로 인도네시아의 국부(國父)로 일컬어지는 수카르노다.

"수카르노의 허세와 매력, 권모술수와 럭비공처럼 어디로 튈지 모르는 예측 불가능성은 사람들을 경탄하거나 분노하게 했다. 인도네시아인들은 숭배하는 쪽과 적대시하는 쪽으로 갈렸다. 그럼에도, 단언컨대 수카르노에 무관심한 인도네시아인은 없었다."

오스트레일리아의 역사학자 존 레그는 《수카르노 평전 (Sukarno: A Political Biography, 1970)》에서 이렇게 썼다. 수카르노 사후 2년 만에 출간한 이 책에서 그는 수카르노가 20세기 전반의 격동 속에서 민족주의라는 역사적 흐름을 대표하는 지도자이자, 독특한 스타일의 대단히 개성 넘치는 지도자였다고 덧붙였다. 2004년까지 30여 년에 걸쳐 네 차례 개정판을 내면서 레그는 수카르노가 인도네시아 민족주의와 독립운동을 대표하는 인물이라는 애초의 평가만큼은 바꾸지 않았다. 인도네시아 현대사에서 수카르노의 사상은 하나의 정치적 흐름이었고, 그의 리더십 자체가 하나의 역사였다는 뜻이다.

민족주의에 눈뜬
자바 청년

수카르노는 1901년 동부 자바 북부 수라바야(Surabaya)에서 태어났다. 미국인 저널리스트 신디 애덤스가 그의 구술 내용을 토대로 출간한 《자서전》(1965)에 따르면, 수카르노의 아버지는 토착 지배 계급인 프리야이(priyayi)로 자바 전통과 접목된 무슬림이고 어머니는 발리 귀족 출신 힌두교도였다. 당시 관행에 비춰 자바 무슬림과 발리 힌두교도 간의 혼인은 상당히 이례적이다.

격동의 정치 무대에서 사자후를 토하며 대중을 들었다 놨다

학창 시절의 수카르노(1916년). 위키미디어 코먼스 갈무리.

했던 수카르노였지만 소년 시절에는 조용한 책벌레에 가까웠다. 언어 능력이 뛰어났던 그는 네덜란드어·독일어·불어·영어에 능통했고, 서구의 사상과 사조에도 밝았다. 어린 시절 자바어로 초등 교육을 받으면서 그림자극 와양(wayang)을 통해 자바의 전통과 영웅 서사를 배웠는데, 이는 훗날 수카르노가 대중 연설에서 민족 영웅담을 적절하게 활용하는 배경이 됐다. 이후 네덜란드어로 서양식 중등 교육을 받은 그는 1920년 네덜란드가 자바에 처음 설립한 고등 교육 기관인 반둥 공과대학에 입학해 토목과 건축을 공부했다. 피식민지인으로서 대학 교육까지 받았다는 점에서 당시 변화한 네덜란드 식민 정책의 수혜자였다고 할 수 있다.

수카르노가 청소년기를 보내던 20세기 초반 인도네시아 주변 정세는 급변하고 있었다. 17세기 초 네덜란드가 동인도회사를 앞세워 자바에 진출한 지 300년이 될 무렵이었다. 1901년경 네덜란드는 오늘날 인도네시아의 전 영토를 식민지화하면서 '윤리 정책'을 표방한다. '네덜란드령 동인도(Dutch East Indies)'란 이름으로 식민지 통치를 본격화한 지 100년이 지난 때였다. 이 정책에는 중간 관리자 양성을 위한 현지인 교육 확대가 포함되어 있었다.

수카르노와 또래들이 다니던 학교 교실에는 식민지 영토를 표시한 지도가 걸렸다. 수마트라의 최북단 사방(Sabang)에서 남쪽 뉴기니를 동서로 가르는 경계 므라우케(Merauke, 규범 표기는 '메라우케')까지 네덜란드 땅이었다. 역설적으로 이는 나중에 해방 운동의 상징이 된다. 수카르노가 "사방에서 므라우케까지"를 인도네시아 독립의 구호로 삼았으니 말이다. 네덜란드의 교육이 그 의도와는 달리, 자바와 부속 도서로 이루어진 식민지 지역 사람들을 하나로 묶어 '여기가 바로 우리 땅'이라는 인식을 심어주게 된 셈이다.

1920년대 중반, 다양한 독립운동 조직들이 저마다 새로운 인도네시아를 준비할 무렵 수카르노는 독자적인 민족주의를 주창하기 시작했다. 서구식 교육을 받은 엘리트와 전통적인 인도네시아 무슬림 지도층이 각성하고 독립 투쟁을 벌이던 때였다. 사회주의와 공산주의라는 이념적 지향이 민족주의와 결합하면

인물로 읽는 동남아

서 반네덜란드 해방 투쟁의 흐름을 이루었다.

수라바야 고등학교 HBS(Hogere Burger School)에 다니던 수카르노가 이슬람 민족주의 운동 지도자인 초크로아미노토의 집에 기숙했던 일은 행운이었다. 이때 수카르노는 초크로아미노토의 집을 드나들던 선배 선각자들과 대면하고 토론하면서 그들의 이야기를 경청했다. 그 덕분에 당대의 다양한 민족주의 지류들을 살필 수 있었다.

반둥 공대 시절에는 공부 모임을 조직해 새로 '발명'된 이념이자 현실로서의 인도네시아 공동체를 구현하기 위한 방안과 행동 강령을 모색했다. 대학을 졸업한 1926년 수카르노는 모임에서 발행한 저널 〈인도네시아 무다(Indonesia Muda)〉에 '민족주의, 이슬람, 마르크시즘'이라는 글을 기고해 처음으로 자기 노선을 밝혔다. 민족주의와 마르크시즘, 이슬람은 이념과 사상이 다르지만 통합이라는 커다란 목표 앞에 하나가 되어야 한다고 역설했다. 제각각 흐르는 세 갈래 흐름을 통합하자고 요청한 것이다. 이 글이 발표되자 수카르노는 일약 인도네시아 민족주의 운동의 중심이 되었으며 그의 통합과 합류 메시지는 이후 40년간 큰 영향력을 발휘했다.

1927년 스물여섯 살 청년 수카르노는 인도네시아 민족주의 운동의 이정표가 된 인도네시아국민당(PNI)을 창당한다. 이는 1928년 개최된 2차 청년회의에서 '청년의 맹세(Sumpah Permuda)' 선언으로 이어진다. 이 선언에서 '하나의 조국, 하나의 민족,

하나의 언어'를 천명함으로써 인도네시아국민당은 민족주의 운동의 중심으로 급부상한다. 인도네시아 독립 움직임에 위기 감을 느낀 네덜란드가 공산주의와 이슬람 계열 운동 조직을 탄압하자, 민족주의 세력들은 인도네시아국민당이 주축이 된 인도네시아 인민정치조직연합회(PPPKI)로 뭉친다. 인도네시아 해방이라는 목적지를 향해 가던 지류가 모여 거대한 강의 모양새를 갖추기 시작한 것이다.

대중을 움직인
수카르노의 연설 정치

1945년 9월 19일 자카르타 메르데카 광장에 20여만 명이 운집했다. 앞서 8월 17일 수카르노가 인도네시아공화국 출범을 선포한 지 한 달 만의 일이다. 군중은 화가 나 있었다. 독립은 선포되었지만 바뀐 것은 없었던 탓이다. 태평양 전쟁에서 패했음에도 일본군은 여전히 무장한 상태로 진주해 있었고, 승리한 연합군의 일원이던 네덜란드는 인도네시아 재점령을 노리고 있었다. 운집한 성난 군중들이 폭동을 일으킬 듯하자 일본군은 탱크를 동원해 광장 주위를 에워쌌다. 일촉즉발의 분위기 속에서 단상에 오른 대통령 수카르노는 광장을 메운 군중을 향해 조용한 해산을 당부했다. 그러자 거짓말처럼 사람들이 흩어졌다.

세상은 두 번 놀랐다. 예상과 달리 차분하게 물러선 군중에 놀라고, 수카르노 연설의 영향력에 또 한 번 놀랐다.

수카르노에겐 '선동가'란 꼬리표가 늘 따라다닌다. 하지만 그의 대중 연설에는 선동이나 정치인으로서 의례적인 행위로 설명할 수 없는 무엇이 있다. 무엇보다도 그는 연설을 국민과의 접점으로 여겼다. 수카르노는 1959년에 했던 독립 기념 대국민 연설에서 이를 '국민이라는 또 다른 에고와의 대화'로 설명한 적이 있다. 자신의 연설을 일방적 주장이 아닌 양방향 소통으로 인식했던 것이다.

수카르노는 어릴 적부터 상상의 무대를 만들고, 주인공이 될 날을 상상하며 연습하곤 했다. 그는 연설로 상상을 현실로 바꿀 수 있다고 믿었다. 될성부른 나무였던 수카르노는 10대 후반부터 청중들을 쥐락펴락한 웅변가였다. 인도네시아국민당 창당 이후 민족주의 세력의 힘을 모으는 데도 웅변 능력을 발휘했다. 1920년대 후반 민족주의 운동의 지도자로 급부상한 수카르노는 네덜란드 식민 지배를 전면 거부하고 비타협 노선을 견지했다. 그의 민족주의 투쟁은 대중 동원력을 바탕으로 직접 적과 대치하는 방식이었다. 일찍이 수카르노는 세상을 바꿀 대중의 힘을 알았고, 민심을 움직일 자신의 웅변과 지도력을 확신했다. 네덜란드에 맞서 싸우며 투옥과 추방을 기꺼이 감수했던 것도, 부역자라는 낙인을 무릅쓰고 일본에 협력한 것도 그 때문이었다.

일본군 점령기에 수카르노는 인도네시아 국민과 일본 군정 간 유능한 중재자로서, 차근차근 건국의 원칙들을 수립했다. 일본의 패색이 짙어지기 시작한 1945년 4월, 인도네시아인 위원 64명으로 구성된 독립준비조사회를 만들었다. 그해 6월 회의에서 수카르노는 일본 측에 포괄적인 건국 가이드라인을 제시했다. 민족주의, 국제주의, 합의제 정부, 사회 정의, 하나의 신에 대한 믿음으로 요약되는 5개의 원칙, 즉 판차실라(Pancasila)였다. 이를 바탕으로 독립준비조사회는 강력한 대통령제를 기초로 하는 헌법을 만들었고, 수카르노는 인도네시아 초대 대통령이 됐다. 일본이 패망한 이후에도 네덜란드와의 독립 투쟁은 계속되었으며 국가적 혼란 속에서 수카르노는 혁명의 대변인이자 민족의 상징으로 자리매김했다.

그러나 통합된 인도네시아라는 그의 목표는 곧 난관에 부딪힌다. 인도네시아는 5000킬로미터가 넘는 길이의 국토에 1만 8000여 개의 섬으로 이루어져 있다. 여기에 2억 7500만 명의 사람들이 300여 개의 언어를 사용하는 1300여 종족으로 나뉘어 산다. 그만큼 다양한 전통과 문화가 존재한다는 뜻이다. 바로 어제까지 자바인(Java), 암본(Ambon)인, 미낭카바우(Minangkabau)인, 아체(Aceh)인 등으로 살아온 사람들이 갑자기 인도네시아의 국민이 될 수는 없었다. 단일한 역사와 전통, 문화를 공유하는 국가 만들기는 여느 신생 독립국과 비교해도 무척 힘든 과제였다.

수카르노 탄생 100주년 기념 우표(2001년). 위키미디어 코먼스 갈무리.

　오스트레일리아의 역사가 진 테일러가 독특한 관점으로 풀어 쓴《인도네시아: 사람들과 역사들(Indonesia: Peoples and Histories)》에서 적시했듯이 1950년대 수카르노는 근대성에 매혹됐고, 민족주의적 수사에 중독되었으며, 공산주의의 꿈에 빠졌다. 무슬림 개혁가들을 의심했으며, 자카르타에 종속되지 않으려는 지역 지도자들에 분노했다. 그러면서 국민들이 자신의 지도력만이 좌와 우, 세속과 이슬람, 자바와 외부 도서가 화해하고 굳건히 단결하게 만들 수 있다고 믿게 만들었다. 통합의 필요성을 역설하고, 인도네시아 전통과 서구 문화의 종합이라는 과업을 인도네시아 사람들에게 부단히 당부하고 설득했다. 이것이야말로 수카르노의 '연설 정치'가 지닌 긍정적 힘이었음을 부인하기 힘들다.

군부-공산당과 손잡고
강력한 독재 정치를 펼치다

수카르노에게 1950년대 전반은 정치적 탐색기였다고 평가할 수 있다. 4년여에 걸친 독립 혁명 투쟁에 이어 동인도 전역의 주권 이양을 위한 네덜란드와의 협상이 1949년 말로 종료됐다. 그 결과 1950년 1월 1일부터 서뉴기니를 제외한 과거 네덜란드 식민지 땅은 모두 새로운 독립 국가의 소유가 되었다. 다만 정부 형태를 의원 내각제로 전환하면서 강력한 대통령이던 수카르노는 시쳇말로 '바지 사장'이 되었다.

이 무렵 중국 본토에 중화인민공화국이 수립되고 주변국들도 냉전기에 접어들면서 좌우 경쟁이 뜨거워지기 시작했다. 인도네시아 정국은 불안정했다. 기반이 취약한 정당들의 이합집산이 거듭되면서 유럽에서 이식된 의회 민주주의는 제 기능을 발휘하지 못했다. 한편 중앙 권력을 '자바 제국주의'로 비난하며 연방제를 외치는 무장 세력들의 분리 움직임이 가시화됐다. 민심도 크게 요동쳤다. 해방과 통합의 혜택은 수카르노가 '민족의 영혼'이라고 한 '라키얏 인도네시아(rakyat Indonesia)', 즉 평범한 사람들에게 돌아가지 않았다. 독립 대농장은 여전히 네덜란드 기업의 사유 재산이었고, 농민은 농사지을 땅이 없었다.

헌법상 국가 최고 지도자였던 수카르노로서는 자괴감을 느꼈을 법했다. '상상의 공동체' 인도네시아를 '현실의 공동체'

로 통합(국가)하고 종합(국민)하는 것을 일생의 과업으로 삼은 그였다. 상황이 나빠지자 수카르노는 현실 정치 전면에 나섰다. 1957년 그는 대통령령으로 네덜란드 민간 기업을 국유화한다. 4만 6000여 명의 네덜란드인을 추방하고, 네덜란드인 회사 경영권을 군부에 넘겼다. 국유화라기보다 '군(軍)유화'에 가까운 조치였다. 당시 인도네시아 군부는 혼돈의 와중에 급속하게 세력을 키우고 있었다. 치안은 물론 지방 정부의 행정까지 차지한 그들은 정치권이 이기주의와 부패에 빠졌다고 공격했다.

수카르노는 군부를 밀어주는 한편 막강한 대중 동원력을 지닌 인도네시아 공산당과 손을 잡았다. 지체된 사회 혁명과 경제적 어려움에 실망한 노동자와 농민의 지지를 받던 공산당은 분명한 강령을 내세운 국내 최대 대중 조직이었다. 1960년대 당원만 200만 명에 달했다. 공산당도 수카르노를 지지했다. 수카르노가 인도네시아 정치 전면에 나서게 된 또 다른 요인은 '분열'이었다. 인도네시아가 세워졌지만 과거 네덜란드의 자리를 자바가 차지했을 뿐 달라진 게 없다는 외부 도서의 불만이 커지면서 급기야 수마트라와 술라웨시 등에서 분리 독립을 주장하는 무장 반란이 일어났다.

국가적 목표를 상실했다고 진단한 수카르노는 1959년 8월 17일 독립 기념 대국민 연설을 행했다. 그는 비장한 목소리로 "당장 올바른 방향으로 차를 돌리자"고 외쳤다. 운전대는 자신이 잡겠다고 했다. 이에 앞서 1956년 10월에는 '정당을 묻어버려라'라는 제목으로 연설한 바 있다. 이후 수카르노는 대통령 전제 정치라는 비난 속에서 강력한 독재 체제인 '교도 민주주의(guided democracy)' 시대를 연다.

수카르노는 군대를 동원해 수마트라의 분리 투쟁을 진압하며, 자바 지배 체제를 굳혔다. '혁명의 재발견'을 강조하며 1945년에 제정한 '혁명 헌법'을 부활시켜 의원 내각제를 대통령제로 되돌렸다. 이로써 수카르노는 대통령이 된 지 14년 만에 정책을 결정하고 집행하며, 그 책임까지 떠맡는 국정 최고 권력자의 자리에 오른다. 그는 일찍이 의회주의를 비난했다. 자유주의 정치에서 '51대 49'라는 승자 독식 다수결 원칙은 정당 간 거래로 타락했다는 것이다. 또한 자유주의 경제 역시 부자들에게 포획되었다고 비판했다. 요컨대 대의 민주주의와 시장 경제 자본주의는 교도 민주주의의 지향과 맞지 않는다는 것이다. 교도 민주주의야말로 인도네시아에 걸맞은 방식이라고 주장하며, 민족주의(nasionalisme)와 종교(agama), 공산주의(komunisme)를 통합한 '나사콤(NASACOM)'을 슬로건으로 내걸었다. 수카르노는 청년기의 경험을 바탕으로 민주주의보다 통합이 우선이라는 점을 재차 확인했다.

수카르노는 국제 외교 무대에도 적극 나섰다. 1955년 자바의 반둥(Bandung)에서 아시아–아프리카회의(Asian – African Conference)를 열고 동서 냉전의 거대한 소용돌이 속에서 좌우 어느 쪽에도 속하지 않는 '비동맹'이라는 새로운 흐름을 제시했다. 이는 수카르

자카르타 공항에서 케네디와 함께한 수카르노(1961년). 위키미디어 코먼스 갈무리.

노의 교도 민주주의가 '혁명의 재발견'이라는 명분으로 인도네시아 정치·경제·외교에 '제3의 길'을 제안했다고 볼 수도 있다.

수카르노에게 던져진 질문은 늘 '어떻게'였다. 결국은 실천이 중요했던 탓이다. 그가 내세운 목표는 담대했으나 전망은 늘 불투명했다. 수카르노에게는 연설로 동원할 수 있는 대중 말고는 독자적인 조직이 없었다. 혁명을 하자면서도 로드맵을 제시하지 못했다. 이에 미국 역사학자 윌러드 해나(Willard A. Hanna)는 《발리 연대기(Bali Chronicles)》에서 "덩치만 크고 성숙하지 못한 청소년 국가의 태만한 아버지"라고 혹평하기도 했다. 그러나 수카르노 평전의 작가 레그는 자바의 전통에 기대 수카르노를 변호한다. 인간은 주변 환경을 통제할 책임이 없을뿐더러 그럴 능력도 없다는 자바적 세계관이 수카르노 리더십의 토대라는 것이다.

군부 독재 종식과
메가와티 시대의 개막

1965년 9월 30일 공산당이 군부 인사 6명을 살해하자, 당시 육군참모총장이던 수하르토(Suharto)가 이를 쿠데타로 규정하고 군부를 동원해 진압하는 사건이 일어난다. 이를 계기로 실권을 장악한 수하르토는 1967년 수카르노를 권좌에서 끌어내려 가택 연금에 처했다. 이로써 수하르토는 수카르노가 주창한 '혁명의 재발견'을 폐기하고 과거와의 완전한 단절을 선언했다.

가택 연금 상태에 처하면서 20년 넘게 해마다 해온 독립 기념 대국민 연설을 계속할 수 없었다. 건강도 악화됐다. 수카르노는 고질적인 신부전을 앓았는데 수술을 거부하고 침술에 의존했다. 칼을 멀리하라는 주술사의 말을 믿었기 때문이다. 결국 수카르노는 1970년 파란만장한 삶을 마감한다.

1968년 인도네시아 2대 대통령에 오른 수하르토는 수카르노 시대를 시끄럽고 혼란스러우며, 부정부패와 물가고로 민생과 경제가 곤두박질친 '구질서'로 격하했다. 대신 고요하고 부유

메가와티(오른쪽)와 춤추는 수카르노(1960년대). 위키미디어 코먼스 갈무리.

한 인도네시아라는 '신질서'를 내세웠다. 물론 현실은 달랐다. 그가 말한 신질서는 고요하지도 부유하지도 않았다. 그저 군부가 득세해 추진한 반공과 개발 독재를 의미했을 뿐이다. 구질서와 단절한 것도 아니었다. 계엄령, 정당과 언론 통제가 여전했던 신질서는 반발을 의식해 공산주의와 무질서라는 적을 내세운 것뿐이었다. 수하르토는 인도네시아의 건국 이념인 판차실라를 요란하게 앞세웠는데, 역사학자 진 테일러는 이를 두고, 수카르노의 판차실라가 인도네시아인을 하나로 묶는 '감정을 자극하는 선언'이었다면 수하르토의 그것은 '통제와 순응을 위한 곤봉'이었다고 평가했다. 수하르토의 독재 정권은 국민을 탄압했다. 집권 32년간 정권에 의해 사망한 사람이 약 80만 명에 이른다는 점이 이를 잘 보여준다.

수하르토 정권의 표적이 되었던 수카르노는 1980년대 이래로 개발 독재에 대한 피로감이 누적되면서 재평가되기 시작했다. 먹고사는 문제를 우선하던 시대의 고요한 수면 아래 사회적 갈등과 분열이 흐르고 있었기 때문이리라. 인도네시아 국민들의 수카르노 소환은 경제와 민주주의의 합류를 요구하는 시대의 징표였을지도 모른다.

　수하르토의 32년 독재가 끝나고 대통령 직선제가 도입된 뒤, 메가와티 수카르노푸트리(Megawati Sukarnoputri)가 5대 대통령으로 당선된다. 네덜란드와의 독립 투쟁 중에 얻은 딸의 이름이 예사롭지 않다. 메가와티는 산스크리트어로 '구름의 여신'을, 수카르노푸트리는 인도네시아어로 '수카르노의 딸'을 가리킨다. 오늘날 인도네시아 집권 여당인 민주항쟁당의 총재이자 전직 대통령인 메가와티는 인도네시아 사회에 어떤 구름을 몰고 왔을까? 역사의 평가에 맡겨야 할 테지만, 21세기 인도네시아인들의 마음속에 여전히 수카르노가 살아 있다는 점만큼은 분명하다.

강희정

리콩치앤(Lee Kong Chian, 1893-1967)

식민 시대 마지막 화교 상인,
현대를 열다

동남아시아 민간 경제를 주도하는 화인 자본과 기업가의 가장 주요한 특징으로 꼽히는 것이 바로 혈연·지연에 기반한 '꽌시(關係)'로 사회적 네트워크에 기반을 둔 폐쇄적 상업 관행을 일컫는다. 이는 중국 특유의 상업 문화, 혹은 유교 문화의 영향이라 평가받기도 하지만, 동남아시아라는 낯선 공간에서 이주 그룹으로서 살아남기 위한 생존 전략적 측면도 있다. 다만 이러한 관행이 오늘날도 유효한지 묻는다면 쉽사리 그렇다고 답하기는 힘들다.

영미권에서 경영 공부를 한 화인 후예들에게는 오히려 전통적인 경영 방식이 낯설다. 세계화와 신자유주의의 파도가 밀어닥치는 현실에서 폐쇄적 기업 경영 방식으로는 '글로벌 스탠다드'에 맞출 수 없다는 인식도 있다. 이런저런 이유로 많은 학자

1967년의 리콩치앤. ⓒ 싱가포르 국가기록원

및 연구들이 동남아시아의 새로운 화인 세대에 주목하면서 화인 상업의 새로운 패러다임을 예고하고 있다. 이는 근대 식민 시기를 지나오면서 확고한 성공 방정식이던 '꽌시' 경영이 종말을 고하고 있다는 뜻이기도 하다.

변화는 20세기 중후반부터 나타났다. 그런 의미에서 싱가포르, 말레이시아, 인도네시아, 필리핀 등에서 화인 네트워크의 압도적 지분을 가지고 있는 푸젠(福建)계 방언그룹(해외 거주 중국인 공동체)의 마지막 후계자이자 화인 상업 자본주의의 총아, 리콩치앤(Lee Kong Chian, 李光前)의 삶을 돌아보는 일은 무척 뜻깊다. 그의 행적은 제국이라는 구시대의 끝과 국민 국가라는 새로운 시대의 개막이 교차하는 시대적 상황 속에서 화인 세대가 어떤 역할을 했는지를 잘 보여준다. 식민 제국의 형성 과정에서 성장한 화상 집단의 마지막 세대에 속했던 리콩치앤은 1967년, 국민 국가 싱가포르가 출범한 지 2년이 되던 해에 사망함으로써 구세대의 끝을 알리는 인물이 되었다.

동남아 화인 비즈니스
그룹의 후계자

리콩치앤은 1893년 10월 18일 푸젠성 취안저우(泉州)의 난안현(南安縣)에서 삼 형제 가운데 둘째로 태어났다. 부친인 리쿼추안(Lee Kuo Chuan)은 작은 사업을 경영하던 이로 넉넉하지 않은 살림이었으나 삼 형제를 모두 학교에 보낼 정도로 교육에 열성이었다. 리쿼추안은 가족을 부양하고자 싱가포르로 건너가 사업을 시작했다. 리콩치앤 역시 1903년 열 살의 나이에 부친을 따라 싱가포르로 이주했다. 이후 1층은 상업 공간으로, 위층을 주거 공간으로 사용하는 숍하우스(Shop house)에서 고향 사람들과 함께 살았다고 한다. 이는 식민지 시대 전통적인 가옥 형태로 비좁기로 악명이 높았다. 싱가포르에서도 리콩치앤은 학업을 계속했다. 앵글로-타밀 학교(Anglo-Tamil School)에서 영어와 수학을 배우고, 주말에는 중국계 교육 기관에서 중국어를 배웠다. 이후 푸젠 공동체가 세운 타오난 학교(道南學校)로 전학 가면서 본격적으로 푸젠 상업 집단의 후예로 길러진다.

1908년, 15세가 되던 해에는 청(淸)의 지원을 받아 중국 난징(南京)에 있는 지난 학교(暨南學校, 현 지난 대학의 전신)에서 공부할 기회를 얻기도 했다. 리콩치앤은 그곳에서 최고 성적으로 2년 만에 학교를 졸업했다. 1911년 칭화 대학(淸華大學)에 입학했으나 곧이어 일어난 신해혁명과 이어진 군벌의 난립 사태로 1912년 다시 싱가포르로 돌아오게 된다. 귀환 후에는 밤낮으로 열심히 일했다고 하는데, 낮에는 식민 정부의 측량부(Survey Department)에서 직원으로 일하고, 틈틈이 당시 해협식민지 최대의 중문 신문이었던 〈랏 포(Lat Pau, 叻報)〉에서 영문 기사를 중문으로 번역하는 일을 했다. 밤에는 모교인 타오난 학교에서 후배들을 가르쳤다. 아울러 1914년에는 엔지니어 교육 과정을 수료하기도 했다니 무척 부지런했던 모양이다. 그러나 영어와 중국어에 모두 능통하고 재능 넘치던 청년은 그동안 해왔던 공부가 무색하게도, 상업 비즈니스의 세계로 발을 들인다.

근대 동아시아 상업사에서 1차 세계 대전은 매우 중요한 사건으로 꼽힌다. 이 시기 동양에 진출하여 제조업과 상업을 주도하던 서구 열강들이 전쟁에 집중하는 사이, 중국과 동남아시아에서 막 성장하던 중국계 기업가들이 약진한다. 중국에서는 소위 민족 기업이라 불리는 장쑤성(江蘇省), 저장성(浙江省) 지역 상인 자본가들이 공장을 지으면서 본격적으로 근대적 상업 자본을 축적하기 시작하고, 동남아시아의 화인 기업가들 역시 전쟁에 빠진 서구 식민 제국의 공백을 대체하려고 고군분투하던

인물로 읽는 동남아

시기였다. 일본의 기세도 상당했다. 일본 본토와 타이완에서 대량 생산한 생활용품을 중국과 동남아시아 시장에 수출하면서 서구 헤게모니에 도전장을 내밀던 시기도 바로 이때였다. 당시 세계의 공장으로 떠오른 미국 역시 태평양 정기 항로를 통해 동아시아에 진출해 있었다. 중국, 화인, 일본, 미국 등 구 제국 세력을 대체한 신흥 상업 세력이 아시아 시장의 새로운 강자로 떠오른 시기가 바로 1910년대 중후반이었다. 엔지니어를 꿈꾸던 기업인으로서 리콩치앤의 경력이 바로 이 시기에 시작된 것은 결코 우연은 아니다.

1914년 리콩치앤은 청히추안(Cheng Hee Chuan)으로부터 한 가지 제안을 받는다. 1차 세계 대전으로 유럽인들의 상업 활동이 위축된 틈을 타 중국으로부터 말라야로 물품을 수입하려던 그가 합류 의사를 물어온 것이다. 리콩치앤으로서는 첫 스카우트 제안이었다. 당시 식민 정부에서 직원으로 일하면서 인종적 한계를 느끼고 있던 터라 그 자리에서 수락했다. 그러나 중국으로부터 수입되는 물품의 품질이 떨어지는 바람에 사업은 성공하지 못했다. 그리고 2년 뒤 리콩치앤의 인생이 바뀌는 기회가 찾아온다.

당시 말라야 지역의 고무 재벌 탄카키(Tan Kah Kee)가 그를 자신의 기업인 키암익(Khiam Yik, 謙益)의 관리인으로 고용한 것이었다. 탄카키는 1920년대 고무 산업으로 큰 부를 일군 인물로 리콩치앤과 같은 푸젠 지역 출신이다. 훗날 그는 화인 기업인의 상징이자 지도자로 성장한다. 고무와 타이어로 성장한 그를 사람들은 '말라야의 고무 왕' '동방의 헨리 포드(Henry Ford, 미국 포드사 창업자)' 등으로 불렀다. '키암익'은 탄카키가 본격적으로 고무 산업에 뛰어들기 전, 파인애플 농장에서 번 돈을 투자하여 1906년에 설립한 회사였다. 미곡 도정 기업으로 당시 탄카키의 주력 사업이기도 했다. 그러다 1916~17년 무렵 사업 전환을 시도한다. 탄카키는 고무에 집중하는 한편 역내 무역뿐 아니라 유럽 및 미국으로 시장 확대를 꾀했다. 당시 유럽과 미국에서는 자동차의 상용화 및 공업화로 고무 수요가 급증하고 있었다.

지금과 마찬가지로 당시 전 세계 고무 생산의 상당량이 동남아시아에서 이루어지고 있었다. 70% 이상이 말라야, 인도네시아, 보르네오섬에서 생산되고 있었기에 탄카키로서는 중요한 사업적 기회였다. 이런 상황에서 자신과 동향 출신으로 영어와 중국어에 모두 능통한 리콩치앤을 주목한 것이다. 리콩치앤이 관리인이 되고 나자 사업 규모는 급격히 커졌다. 여기에 걸맞게 회사 이름도 '탄카키 코퍼레이션(Tan Kah Kee & Co.)'으로 바꾼다.

1920년 리콩치앤이 탄카키의 장녀, 탄아이레(Tan Ai Leh)와 결혼하면서 두 사람의 관계는 더욱 끈끈해졌다. 싱가포르와 말라야의 경제를 주도하는 푸젠 공동체의 핵심이 된 것이다. 1923년에는 그의 사업 수완을 인정한 탄카키가 1923년 화상은행(Chinese Commercial Bank, CCB)의 주식을 리콩치앤에 넘기고 이사진에 합류시킴으로써 금융계에 발을 들이게 된다.

그러나 리콩치앤은 탄카키의 그늘에 머물 생각이 없었다.

1927년 탄카키 소유 회사를 떠나 독자적 사업을 모색하던 리콩치앤은 조호르(Johor) 술탄주의 무아르(Muar)에서 고무 훈연 사업을 시작했다. 이듬해에는 직접 고무 농장을 사서 '남익(Nam Yik, 南益)'을 설립한다. 1931년에 유한 회사로 전환하면서 절친인 얍걱튀(Yap Geok Twee), 친족인 리피수(Lee Pee Soo)를 임원진으로 초대하며 화인 네트워크 중심의 지배 구조를 강화했다. 남익은 1930년대 초 미국발 대공황이 아시아에 불어닥쳤을 때도 살아남을 정도로 탄탄한 회사였다. 풍부한 자금을 무기로 고무 가격의 하락으로 지대가 낮아진 고무 농장을 싼값에 대량으로 사들이면서 인도네시아와 태국 남부 지역까지 지점을 확대했다.

보통 화인 기업가는 특정 분야에서 돈을 벌어들이면 이를 기반으로 다른 분야로 적극 진출한다. 그러면서 일종의 그룹을 형성하는데, 리콩치앤 역시 제재업, 파인애플, 코코넛 오일 등 동남아시아의 천연자원을 중심으로 한 거래로 사업을 확장했다. 1940년대 초, 절정에 달한 그의 사업은 싱가포르, 말레이시아, 태국, 인도네시아에 걸쳐 성장했고, 총 3만 헥타르(현재 서울시 면적의 절반)가 넘는 고무 및 파인애플 농장과 2000명이 넘는 사무직 직원, 3만 명에 달하는 노동자를 거느린, 말 그대로 거대한 상업 제국이 되었다. 화인 기업은 무역으로 벌어들인 자금을 관리하고 활용하기 위해 금융업에 집중하는 경향이 있는데, 리콩치앤이 푸젠 공동체를 넘어 식민지 시기 말레이시아와 싱가포르 지역 전체 화인 그룹의 리더로 자리 잡게 한 분야 역시 금융업이었다.

거대 금융 기업
설립으로 정점에 서다

영국령 말라야와 해협식민지 시절 싱가포르와 말레이시아의 은행업은 고무 및 주석 같은 자원 수출과 서구 2차 가공품 및 동남아시아 역내 무역품 수입을 보조하는 수단으로 시작됐다. 수출입에는 즉각적인 대금 결제가 필요했고 필요한 돈을 그때그때 수급하면서 자금 순환을 원활히 하려면 은행이 필요했다. 그래서 식민 시기 싱가포르와 말레이시아 은행업은 페낭과 싱가포르와 같은 수출입항에서 시작하는 경우가 대부분이었다. 이에 따라 은행은 무역업자의 대금 결제, 자금 보관, 대출 등과 같은 업무를 수행했다. 19세기에만 해도 홍콩상하이은행(HSBC), 차터드은행(Chartered Bank) 등 영국을 비롯한 제국주의 국가가 설립한 은행이 대부분이었다. 따라서 일반 대중을 대상으로 한 예금, 입출금 업무보다는 무역, 송금, 외환 등에 집중하는 경향이 강했다.

19세기 후반과 20세기 초반 중국계 이주민의 대규모 유입은 금융업에 새로운 변화를 일으켰다. 중국계 이주민의 급증은 이들을 상대하고 관리하는 현지 화인 자본가들의 성장과 자본 증대를 의미했다. 이들은 전통 네트워크 기반 금융 관행이 아닌, 근대적 은행업에 관심을 기울이면서 20세기 초 20년 동안 6개의 화인 자본 은행이 줄지어 설립되었다. 광익은행(Kwong Yik, 1903), 사해통은행(Sze Hai Tong, 1906), 리콩치앤이 임원으로 있던 화상은행(Chinese Commercial, 1912), 화풍은행(Ho Hong, 1917), 화교은행(Oversea-Chinese, 1919), 이화은행(Lee Wah, 1920) 등으로 대부분 싱가포르에서 시작했다. 이 은행들은 기존 무역업 중심 금융 서비스뿐 아니라 현지 화인 노동자들을 대상으로 한 송금 업무를 제공했다. 근대식 은행을 표방하지만 방언그룹 중심이라는 점은 무척 흥미롭다. 사해통은행은 광둥성 차오저우(潮州) 출신, 화상·화풍·화교은행(OCBC)의 경우 푸젠 출신, 이화은행의 경우 광둥인들이 중심으로 설립된 은행이었다.

1930년대 초 세계 대공황으로 화인 금융업계도 직격탄을 맞았다. 종사자들이 독자생존을 모색하도록 만든 대사건이었다. 1932년 푸젠 출신 화인 그룹은 화상은행의 리콩치앤을 중심으로 3대 푸젠계 은행 임원진들이 모여 대책을 논의했다. 그들은 날로 더해지는 위기 상황을 돌파하려면 소극적인 대처보다 공격적인 경영이 필요하다는 점에 동의하고, 세 은행을 합병하기로 결정했다. 각자도생보다 자금과 인재를 집중하고 규모를 키움으로써 쉽게 무너지지 않을 거대 기업으로 거듭나는 편이 대공황 시대의 생존에 유리하다고 여긴 것이다. 이 세 은행의 합병으로 OCBC(Oversea-Chinese Banking Corporation Ltd.), 즉 화교은행 유한공사(華僑銀行有限公司)가 탄생했다. 초대 의장은 탄인키앰(Tan Ean Kiam)이, 부행장은 리콩치앤이 맡았다.

1938년 중일 전쟁 발발 이후 은행장이 된 리콩치앤은 1967년 사망할 때까지 화교은행을 이끌었다. 그의 리더십 아래 화교은

싱가포르의 화교은행(OCBC) 건물. 오늘날 싱가포르 금융 자본주의의 상징이다. 위키미디어 코먼스 갈무리.

행은 성장을 거듭했다. 예금액이 3배로 늘었고, 해외 지점이 급증하여 중국 동남부 지역과 동남아시아에 걸친 초국적 금융 네트워크를 형성하는 거대 금융 기업이 되었다. 중일 전쟁과 일본의 침공으로 위기를 느낀 기업인 및 대중이 거대 자본과 신용을 가진 기업을 선호한 점도 이러한 급성장의 주요 요인이었다.

화교은행은 설립 시점부터 화인계 최대 은행이었고, 이러한 지위는 지금도 여전하다. 동남아시아 최대 민간 금융 기업으로서 2023년 〈포브스〉가 선정한 전 세계 기업 순위 181위(한국의 국민은행이 278위)에 이른다.

거대 기업의 탄생과 성장에 리콩치앤의 역할은 지대했다. 무역업과 금융업에서의 성공을 바탕으로 두 번(1939년~40년, 1946~47년)에 걸쳐 싱가포르 중화총상회(SCCC)의 회장을 역임한 것은 그가 푸젠 화인 그룹의 후계자를 넘어 싱가포르와 말레이시아 화인 커뮤니티의 정점에 섰음을 말해준다.

국민 국가 형성기,
등불이 된 리콩치앤의 삶

일본의 침공으로 아시아 태평양 전쟁이 시작될 무렵 리콩치앤은 싱가포르 고무 산업계를 대표하여 뉴욕에서 열린 회의에 참석하고 있었다. 전쟁이 발발하자 뉴욕과 인도, 런던을 오가며 일본의 침략과 봉쇄 조치로 중단된 고무 무역 및 화교은행 역외 사업을 재개하고자 노력했다. 1944년 일본의 패색이 짙어졌을 때는 영국과 전후 복구 관련 협상을 진행하는 등 사업가로서 수완을 발휘했다.

1945년 종전과 함께 싱가포르로 돌아온 그는 영국 식민 정부의 지원과 홍콩상하이은행(HSBC)의 재정적 지원 아래 상업 기반을 회복하는 데 주력했다. 전환점은 한국 전쟁이었다. 리콩치앤의 주력 사업 분야인 고무 산업은 전쟁 특수를 누렸다. 1 파운드당 0.3달러에 불과했던 고무 가격은 1951년 2.41달러로 치솟으며 막대한 이득을 안겨다 주었다. 싱가포르는 영국이 한국에 지원하는 물자들이 집결하는 지점으로 엄청난 양의 고무와 목재가 이곳을 통해 전쟁에 투입됐다. 리콩치앤의 고무 기업(Lee Rubber Co.)은 말 그대로 돈을 긁어모으기 시작했고, 직원들은 두둑한 보너스를 받았다. 다른 나라에서 벌어진 전쟁이 과거 자신들이 전쟁으로 받은 상처를 씻어주는 아이러니한 상황이었다. 리콩치앤은 한국 전쟁이 끝나자마자 기업이 본격적인 궤도에 오른 것을 확인한 뒤, 자식들에게 사업을 물려주고는 60세의 나이로 은퇴한다.

이주 그룹으로서 동남아시아 화인 공동체에는 남다른 특징이 있다. 정치적 보호가 없는 상황에서 가장 부유한 이를 지도자로 하면서 생존을 모색했다는 점이다. 식민 시기 영국과 네덜란드 식민 정부는 현지 화인 지도자를 카피탄(Kapitan), 캉추(Kangchu), 마요르(Major) 등으로 불렀다. 이들은 공동체에서도 가장 부유한 사람이었다.

화인들이 돈을 숭배해서라기보다는 이주 그룹 여건상 자체적으로 생존 기반을 만들어야 했기 때문이다. 후예들을 위한 교육, 자체적인 복지, 의료 시설, 가난 구제처럼 국가나 정치가 해야 할 일을 스스로 해결한 것이다. 여기에는 큰돈이 들고 부유한 이가 아니라면 감당할 수 없다. 자연스레 자본을 축적한 이들이 공동체의 리더 역할을 했다. 림분켕, 탄톡생, 탄카키, 세아 위친 등 싱가포르와 말레이시아의 저명한 화교 사업가들이 교육, 의료, 복지, 공익 재단 등에 기여한 이유도 여기에 있다.

오늘날 싱가포르의 복지 재단, 교육 재단, 자선 기관 상당수가 화인 커뮤니티와 연결되어 있다.

리콩치앤은 영국 식민 제국 시대의 마지막 화상 리더답게 이러한 전통을 이어받아 자선 사업가로서 열정적인 활동을 벌였다. 2차 세계 대전 이전부터 해오던 사회 공헌 활동은 1952년 3월 '리 재단(Lee Foundation)' 설립 이후 본격화되었다고 볼 수 있다. 리콩치앤이 특히 관심을 기울인 분야는 의료와 교육이었다. 각종 의료 기관과 학교를 설립하거나 지원했는데, 그 대상이 1930년대에서 60년대까지 싱가포르, 말레이시아는 물론 그의 고향인 중국 푸젠성 샤먼과 난안 지역에 이르렀다. 그는 말레이시아의 말라야 대학, 싱가포르의 난양 대학(현 싱가포르 국립대학 및 난양 이공대학의 전신), 푸젠성의 샤먼 대학 등 유명한 화인 고등 교육 기관뿐 아니라 20개 이상의 초중등 교육 기관 설립에 관여했다. 해외 화인 공동체를 넘어 미래에 그들의 가족이 될 젊은 세대를 위해 아낌없는 투자한 리콩치앤의 행보는 화인의 리더로서 가졌던 사명감을 보여준다.

오늘날에도 리 재단은 싱가포르에서 가장 큰 공익 재단으로 자금의 70% 이상을 교육에 투자하는 걸로 유명하다. 2005년에 완공된 싱가포르 국립도서관(National Library) 역시 리 재단이 기부한 대표적 건물이다. 총 6000만 싱가포르 달러(대략 550억 원)를 기부했고, 7층에서 13층까지의 '리콩치앤 열람 도서관(Lee Kong China Reference Library)'은 싱가포르와 동남아시아에 대한 홍

1921년 탄카키가 세우고 리콩치앤이 투자한 샤먼 대학 전경. 중국에서 가장 아름다운 대학 가운데 하나로 꼽힌다. 위키미디어 코먼스 갈무리.

미로운 자료들로 가득하다.

리콩치앤의 다양한 사회 공헌에 사람들은 그를 '어려운 이들의 등불, 사회의 보물'이라 부르며 칭송했다. 사회에서 얻은 것을 다시 사회로 환원하는 기업가의 전형이었다. "리콩치앤 선생은 우리 사회의 존경받는 구성원이었습니다. 이는 그가 축적한 자본 때문이 아니라 그가 우리 사회의 진보에 끼친 공헌 때문입니다."1967년 6월 사망 당시 총리이던 리콴유가 남긴 애도 메시지다. 이는 리콩치앤의 사회 기여가 화인 공동체를 넘어 싱가포르라는 새로운 국가의 성장에 중요한 의미가 있다는 점을 강조한 정치적 언설이기도 했다. 한편 말레이시아 상인연합회 회장은 리콩치앤의 죽음에 대해 "싱가포르 중국계 공동체의

싱가포르 경영대학(Singapore Management University)의 리콩치앤 경영대학(Lee Kong Chian School of Business) 건물 전경. 위키미디어 코먼스 갈무리.

상실일뿐 아니라 모든 종족 사회의 상실"이라고 평가했다. 푸젠계 화인 기업가의 전형을 보여준 그의 행보가 그의 의도와는 별개로, 제국의 해체와 새로운 국민 국가의 형성이라는 패러다임의 전환에 활용되고 있음을 보여준다.

청 제국 말기 푸젠에서 태어난 리콩치앤은 싱가포르로 건너가 푸젠계 화인 그룹의 네트워크 속에서 기업가로 성장했다. 동남아시아 천연자원 수출로 자본을 축적한 뒤 금융업으로 정점에 섰다. 그는 식민 시기 화상 네트워크의 자원을 충분히 활용하여 성공했으며, 전후 형성된 새로운 질서 속에서 교육과 공익 사업에 투자하며 내셔널리즘 열풍과 냉전의 도전을 맞은 화인 사회의 생존과 적응에 힘썼다. 싱가포르의 독립과 함께 마감한

리콩치앤이 설립한 리 재단의 지원으로 건립된 싱가포르 국립도서관 전경. 위키미디어 코먼스 갈무리.

리콩치앤의 삶은 한 편의 드라마와도 같았다. 그는 식민 시기 방언 집단의 초국적 자본 네트워크의 성공과 2차 세계 대전 종전 이후 적응 과정, 그리고 국민 국가로의 전환을 목도했다. 그럼으로써 싱가포르인들의 기억 속에 제국의 마지막과 국민 국가의 시작을 함께한 인물로 남았다.

김종호

고켕스위(Goh Keng Swee, 1918~2010)

강소 도시 국가
싱가포르의 설계자

1965년 8월, 이제 막 독립한 나라가 있다. 서울보다 조금 더 큰 영토에 인구는 약 200만 명이다. 여기에는 중국계, 인도계, 말레이계, 유라시안, 아랍계, 유럽계 등이 섞여 있고, 언어와 종교, 관습이 제각각이라 하나의 민족으로 보기 어렵다. 이웃에는 비교할 수도 없이 큰 두 이슬람 국가, 말레이시아와 인도네시아가 서로 대립하고 있다. 자원은 빈약하다. 심지어 수자원마저 바로 옆 나라에 의존해야 한다. 공통의 역사도 없다. 홍콩처럼 영국의 식민지로 시작했기 때문이다.

당시 싱가포르는 인구 대부분이 최근 수십 년 사이에 건너온 이민자들로 구성되어 있었다. 지리적 위치는 좋다. 고대부터 동서를 잇던 믈라카 해협의 출구에 위치한 섬이기 때문이다. 그러나 당시는 냉전의 절정기, 그 좋은 위치는 오히려 독이 되었다. 미국, 중국, 소련, 인도, 일본 등 주변국들이 주도권을 다투는 숨 막히는 상황에 적응해야 했다. 바다 건너편 인구 대국인 인도네시아에서는 반공을 내세우며 학살을 서슴지 않는 수하르토의 독재가 시작되었고, 중국으로 가는 길목인 베트남에서는 전쟁이 한창이었다. 가진 것이라고는 영국의 식민 지배가 남긴 근대 도시 인프라, 서구식 법제도 및 관료 시스템, 영어권 사회 기반 정도가 전부였다.

신생 독립국이 된
이민자의 나라 싱가포르

제국주의 식민지가 해체되고 냉전의 차가움과 내셔널리즘의 뜨거움이 교차하던 시대, 싱가포르가 태어난다. 말레이 정치권과 싱가포르 총리 리콴유 사이의 정치적 갈등으로 인해 1965년 8월 9일 말레이시아 연방으로부터 쫓겨나다시피 독립한 것이다. 싱가포르의 거주민들, 특히 엘리트들이 맞이한 현실은 녹록지 않았다. 평균 나이 40대의 젊은 엘리트들이 이끄는 신생국이 훗날 21세기 아시아에서 가장 잘사는 국가, 관광 대국, 금융의 허브, 아세안의 리더, 미중 관계의 조정자 등과 같은 지위를 얻으리라 예측한 이는 없었다.

당시 싱가포르를 이끈 핵심 인물로 정치의 리콴유, 경제 및 사회의 고켕스위, 외교의 라자라트남 등 3인이 꼽힌다. 소위 싱가포르 건국 1세대들이다. 이들은 모두 영국 식민지 시기 싱가포르에서 성장한 영국 유학생 출신 엘리트였다. 리콴유와 고켕스위는 중국계, 라자라트남(Rajaratnam)은 스리랑카 타밀계 이민자 집안의 후손이다. 공화국 싱가포르 건국의 아버지로 불리는 리콴유는 널리 알려진 인물이다. 한편 싱가포르 역사를 아는 이들에게는 고켕스위 역시 빼놓을 수 없는 주요 인물이다.

'저개발 지역에서의 국민 소득 추산법 – 아시아와 아프리카를 중심으로(Techniques of national income estimation in underdeveloped territories, with special reference to Asia and Africa).' 1956년 고켕스위가 쓴 런던 정경대 박사 학위 논문 제목이다. 이 당시 식민 상태에서 갓 벗어난 아시아 지역 관료 및 엘리트 지식 계층의 지상 과제는 '국가 만들기(nation building)'였다. 어떻게 국가 영역을 설정하고 지킬 것인지, 산업별 비중을 어떻게 할지, 공업화는 어떻게 달성할 수 있을지, 공동체 구성원들을 어떻게 '국민'으로 탈바꿈시킬지, 어떻게 그들을 교육하고 일하게 할지, 국민들의 소득을 어떻게 쓰게 할지, 세금은 어떻게 빠짐없이 거둘 수 있을지 등 과제가 산적해 있었다. 유럽이 수백 년간 고민하고, 피흘리며 체화한 근대 이념과 제도를 짧은 기간에, 그것도 냉전의 소용돌이 속에서 자신들의 국가 공동체에 적용해야만 했으니 어찌 보면 당연한 일이기도 했다.

정글과도 같은 국제 사회의 냉엄한 현실 속에서 아시아인들은 이미 근대화에 성공하여 저만치 앞서 나간 서구 국가들을 상대로 스스로 불공평한 경쟁에 뛰어들어야만 했다. 일명 '생존을 위한 따라잡기'였다. 이를 명분으로 저마다 쿠데타, 민주화 운동, 내전, 학살, 공산주의 등을 방법론으로 받아들이고 실행했다. 이는 1990년대 세계가 칭송하던 '아시아의 기적'으로 향하는 길목에서 수많은 사람이 피를 흘린 이유이기도 했다.

고켕스위는 싱가포르 독립 이전부터 이를 고민하고 있었고, 독립 이후에는 실천에 나섰다. 그는 리콴유가 가장 신임하는 정치인이자 관료로서 경제, 국방, 교육의 설계자로 불리며 싱가포르인들의 존경을 받았다. 그가 설계한 싱가포르 경제 구조는 한국 모델과 더불어 후발 주자들의 본보기가 되었다.

1918년 10월 6일 믈라카의 중국계 가정에서 태어난 고켕스위의 집안은 꽤 유복했다고 전해진다. 거부는 아니지만 중산 계층은 되었던 것으로 짐작된다. 두 살 때 싱가포르로 이주했다고 하니, 믈라카에서 태어나기는 했으나 그의 삶은 싱가포르에 기반을 두고 있었다고 할 수 있다. 그는 전형적인 싱가포르 화인의 엘리트 교육을 받았다. 1927년에서 1936년까지 앵글로차이니즈스쿨(ACS)에서 초중등 교육을 받고, 1936년에서 1939년까지 래플스 칼리지에서 고등 교육을 받는다.

래플스 칼리지는 식민 시기 싱가포르의 대표적 고등 교육 기관으로 엘리트 관료, 지식인, 기업인들을 배출해왔다. 싱가포르에서는 '래플스'라는 명칭이 들어가면 그곳이 어디든 최고로

인물로 읽는 동남아

여기면 된다. 이는 싱가포르를 발견하여 영국 식민지로 삼은 스탬퍼드 래플스 경의 이름에서 유래한다. 래플스 칼리지를 졸업한 고켕스위는 1939년 영국 식민지 관료로 첫 직장 생활을 시작한다. 그러나 학문의 길을 계속 가고자 한 그는 1948년 런던 정경대에 입학해 1954~56년까지 공부를 계속하여 박사 학위를 받는다.

정치인이 된 것은 싱가포르로 돌아와 사회복지부에서 근무할 무렵이었다. 싱가포르는 1959년 자치 정부가 출범하면서 총선거를 실시하는데 이때 리콴유가 이끄는 인민행동당의 후보로 출마한 것이다. 인민행동당은 이 선거로 정권을 잡고, 고켕스위 역시 당선되었다. 리콴유와 영국에서 함께 수학하며 창당을 결의한 이후 1984년 정계에서 은퇴할 때까지 고켕스위는 의원 내각제를 채택한 싱가포르 의회의 의원이자 관료로서 싱가포르의 발전에 지대한 공헌을 한다. 첫 당선과 함께 재무부 장관에 임명된 고켕스위가 가장 먼저 손댄 과제는 싱가포르의 체질 개선을 위한 경제 구조 변화였다.

제조 강국
싱가포르의 초석을 놓다

싱가포르 엘리트들은 무역과 금융 중심으로 경제 구조를 개

편할 필요성을 느끼고 있었다. 그러나 높은 실업률 해결이 시급한 상황에서 무역과 금융업은 고용 창출 효과가 크지 않았다. 마침 1960년 10월 네덜란드 출신 경제학자 알버트 빈세미위스(Albert Winsemius)가 이끄는 유엔 산업조사사절단이 도착했다. 이들은 싱가포르 경제를 면밀하게 관찰한 결과를 1961년 특별 보고서로 제출했는데, 당시 재무부 장관이던 고켕스위는 이를 기반으로 1961~65년 제1차 경제개발계획을 수립한다. 의회를 통과한 이 계획의 핵심은 노동 집약적인 제조업 비중을 높이는 것이었다. 이를 실천하고자 1961년 8월 경제개발청(EDB)을 설립하고 1962년에는 싱가포르섬 서남부 지역의 거대 늪지대인 주롱(Jurong) 지역을 개간하여 기계와 화학 기반 대규모 공업단지를 조성했다. 주롱 공업단지는 싱가포르 제조업의 핵심으로 지금도 세계 최고 수준의 전자 전기, 화학, 바이오 메디컬 산업 기지 역할을 하고 있다.

기존 무역 및 금융 기반을 그대로 유지하되 고용 창출에 유리한 제조업 기반을 늘린다는 계획은 곧 그 효과를 발휘한다. 1980년부터 싱가포르는 전체 산업에서 제조업이 차지하는 비중이 무역업을 넘어서게 된다. 지금도 그들은 정책적으로 제조업 비중을 최소 20% 이상으로 하고 있다. 코로나19 봉쇄 조치로 무역과 관광 수입이 크게 줄어든 상황에서 그나마 버틸 수 있었던 것도 제조업 기반의 경제 구조 덕분이었다.

흥미로운 점은 1960년대 후반 고켕스위가 북한의 경제 발전

모델에 관심을 가졌다는 사실이다. 고켕스위는 당시 동북아시아에서 가장 빠르게 중공업 기반을 마련한 북한의 경험과 기계 산업 발전을 참고하고자 했다. 실제로 싱가포르는 1968년 7월 3일 북한의 강량욱 부주석을 초청한 바 있다. 강 부주석은 며칠간 주롱 공업단지를 둘러본 뒤 크게 칭찬하며 "우리 국가(북한)에서 경험해본바, 싱가포르의 주롱 공업단지가 귀국의 상업과 공업 발전에 중대한 공헌을 할 것이라 자신합니다"라고 평가하기도 했다. 이는 북한이 싱가포르보다 앞서고 있다는 인식을 보여준 것으로 고켕스위도 이를 받아들이는 듯한 발언을 한다. 그는 1969년 3월 싱가포르에서 열린 북한무역박람회(North Korean Trade Exhibition)를 시찰하며 상품과 기계들을 둘러본 후 "누구나 (박람회에 온다면) 북한이 이룩한 기술이 뛰어나다는 것을 볼 수 있을 것"이라고 말한 바 있다.

제조업에 비중을 둔 제1차 경제개발계획 실행 결과 1966년에서 1969년 사이 싱가포르는 연평균 13%에 달하는 GDP 성장률을 보였으며 이는 건국 이후 가장 높은 수준이었다. 1970년대부터는 공산품 수출이 기존 중개 무역의 핵심이던 동남아시아산 자원 수출을 앞섰다. 1970년대 싱가포르 제조업에서 가장 많은 자본이 투여된 분야는 기계, 전자, 화학이었다. 1965년 갑작스러운 독립으로 말레이시아라는 배후를 잃은 싱가포르로서는 제조업 중심의 수출 주도형 공업화를 목표로 한 제1차 경제개발계획이야말로 신의 한 수였던 셈이다. 1959년에서 1965년,

주롱 공업단지 전경. 오늘날 싱가포르 최첨단 제조 산업이 모여 있다. 위키미디어 코먼스 갈무리.

1967년에서 1970년까지 재정부 장관을 지내면서 싱가포르의 제조업 기반 경제 성장을 주도한 고켕스위는 한편 국방과 안보에도 큰 관심을 보였다.

자주국방과 신교육 수립이라는
새로운 임무

고켕스위는 재정부 장관직을 잠시 내려놓고 싱가포르 초대 국방부 장관을 맡는다. 싱가포르는 200만도 되지 않는 적은 인구와 냉전이라는 환경, 그리고 말레이시아와 인도네시아의 군사적 대립이라는 불리한 상황에 놓여 있었다. 어떻게든 국경을 확립하고, 안전, 치안, 국방, 병역 관련 정책을 수립하여 영토를 보존할 기반을 쌓아야 했다. 당시 식민의 유산이자 냉전의 영향으로 영국군이 주둔하고 있었고 사람들은 관성적으로 국방과 안보를 영국에 의지했으나, 그의 생각은 달랐다.

"오늘날 영국군의 보호는 많은 시민이 자주국방의 필요성을 간과하게끔 만들었다. 이들은 (영국군의) 보호가 영원할 것으로 여긴다. 나는 이를 근거로 미래를 설계하는 것이야말로 어리석음의 극치라고 생각한다. 독립 국가로서 우리가 설계할 미래의 유일한 이성적 기반은 그 반대여야 한다. (…) 어느 누구도, 우리뿐 아니라 심지어 영국마저도 영국군의 주둔이 언제까지 이어질지 알 수 없다."

1965년 12월 23일 국회에서 한 연설이다. 그의 우려는 적중했다. 1967년 영국이 군대 철수를 결정하자 싱가포르인들을 경악할 수밖에 없었다. 또한 세계 시장이 싱가포르 경제의 안전성에 의문을 품게 했다.

고켕스위는 발 빠르게 체질 개선에 나섰다. 18세 이상 남성의 의무 복무를 뼈대로 하는 국민 개병제를 실시하고 싱가포르군(Singapore Armed Forces, SAF)을 대대적으로 조직함으로써 국방의 기초를 닦았다. 이후 미군이 주둔하게 되지만, 이러한 고켕스위의 인식은 지금껏 이어져 싱가포르는 전 세계에서 몇 없는 징병제 국가 가운데 하나로 남아 있다. 강한 군대는 경제적 부유함, 외교적 균형 전략과 함께 싱가포르를 '강소국'으로 만든 주

싱가포르군 훈련소를 방문한 엘리자베스 2세 여왕과 이를 수행하는 고켕스위 국방부 장관(1972년). ⓒ 싱가포르 국립기록원

요 이유 중 하나다. 고켕스위는 국민 개병제가 인종, 종교와 무관하게 공동체 의식을 심어주어 국민 국가 설립에 도움이 될 것으로 기대했다.

1979년 국방부를 떠난 고켕스위는 새로운 임무를 맡는다. 1985년까지 교육부 장관으로 있으면서 싱가포르의 교육 개혁을 실천한 것이다. 그가 보기에 싱가포르 교육의 문제는 성적과 상관없이 자동으로 중등 교육 기관에 진학한다는 점이었다. 그는 공교육이 학생 수준에 맞는 학습 기회를 제공해야 한다고 믿었다. 상위 1~10%의 인재가 하위 30~40%의 학생과 같은 수준의 교육을 받는 것은 비합리적이라고 여겼다. 실제로 1979년 고켕스위의 책임 아래 발간된 교육 정책 관련 보고서의 핵심은

인물로 읽는 동남아

능력별 학급 편성이었다. 이른바 '고 리포트'로 불리는 싱가포르 '신교육 체제(New Education System)'의 시작이었다. 오늘날 경쟁과 효율 중심으로 유명한 싱가포르 교육의 출발점이 바로 고 켕스위의 아이디어였던 셈이다.

"(지난 싱가포르의 교육 시스템에서) 초등학교 자동 진학이 1975년까지, 중등학교 자동 진학은 1977년까지 실시되었다. 이는 배움이 느린 학생들이 더 높은 수준의 학급으로 진학함으로써 (그곳에서) 배우게 되는 것을 갈수록 이해하지 못하게 되었다는 것을 의미한다. (…) (그러므로) 우리는 학습 능력에 따라 학생을 가르쳐야 한다는 원칙을 받아들여야 한다. 이 보고서는 둔재, 평균, 평균 이상, 상위 학습자에 맞춘 능력별 학급 편성을 제안한다."

학습 능력에 따른 수준 조절을 요구한 그의 교육 철학은 지금껏 이어지고 있다. 싱가포르의 초등 및 중등 입학시험 경쟁은 매우 치열하다. 중등 교육까지 의무 교육임에도, 내부적으로 치열한 경쟁 시스템을 구축한 교육 철학은 그 평가와는 별개로, 자원 없는 도시 국가 싱가포르의 생존 전략이기도 했다.

강소국 싱가포르를 일군
고켕스위의 철학

고켕스위는 국방부 장관과 교육부 장관 시절 부총리(1973~85)

를 겸임하면서 리콴유를 보좌했다. 싱가포르 역사상 최초의 부총리로, 한편으로는 1980년에서 1997년까지 싱가포르의 중앙은행인 싱가포르 통화청 청장을 겸임하면서 거시 경제 계획을 수립하고, 전략을 지휘했다. 장관과 부총리, 중앙은행 책임자 등을 두루 거친 그의 화려한 이력을 보면 싱가포르 건국기에 그가 얼마나 중요한 역할을 했는지 알 수 있다. 리콴유를 제외한다면, 아니, 어쩌면 리콴유보다 더 중요한 인물이었을지도 모른다. 그가 설계한 싱가포르 시스템은 지금도 강력한 영향을 미치고 있다. 시간이 흐르면서 부분적으로 변화가 있었을지는 몰라도 경제적 생존, 자주국방, 실용적 교육을 추구한 그의 철학은 여전히 유효하다.

싱가포르 '건국의 아버지' 리콴유는 20대 초반 래플스 칼리지에서 고켕스위를 만나 함께 수학한 이래 반세기 동안 싱가포르의 굴곡진 역사를 함께했다. 리콴유는 2010년 5월 14일 향년 91세의 나이로 사망한 고켕스위의 국가 장례식에서 그와 함께한 싱가포르 국가 만들기(Nation Building) 프로젝트를 다음과 같이 회고했다.

"내 주위에 강한 인재들이 있었던 것은 행운이었다. 나와 함께한 내각의 동지들 가운데 가장 위대한 변화를 만들어낸 이는 고켕스위였다. 그는 마음이 넓고 강한 기질의 인물로, 나의 결정에 이의를 제기하면서 그 전제들을 재검토하게도 했다. 그 결과 우리는 싱가포르를 위한 보다 나은 결정에 도달했다. 위기

고켕스위는 문화 분야에도 깊은 관심을 기울였다. 싱가포르 관광의 필수 코스인 주롱 새 공원(Jurong Bird Park)과 싱가포르 동물원 역시 그의 업적이다. 위키미디어 코먼스 갈무리.

의 한가운데에서도 그의 분석은 언제나 날카로웠고, 학술적 객관성과 실증으로 나를 안심시켰다. 그의 탄탄한 접근에 힘입어 나 역시 불가능할 것만 같은 역경을 헤치고 나아갈 수 있었다. 나는 그에게 가장 하기 힘든 일만 맡겼다. 1959년에서 1965년까지, 경제적 생존이 중대한 문제일 때 재정부를 맡겼고, 1965년 독립할 당시 군대라고는 보병 2개 대대밖에 없었을 때 그에게 국방부를 맡겼다. (…) 그에게 교육부를 맡겼을 당시는 학교 중퇴율이 급증하면서 학생들이 글자도 모른 채 떠나고 있었던 시기였다. (…) 그는 (인종, 종교, 방언에 따라 분산된) 학교를 하나로 통합했다."

리콴유가 기억하는 고켕스위의 삶은 국가 건설과 공동체의 생존에 인생을 바친 피식민지 출신 엘리트 정치인이자 관료의 분투기였다. 부국강병을 통한 생존은 20세기 후반 피식민지 출신 아시아인이라면 누구나 꿈꾸던 목표였다. 고켕스위 역시 그들 가운데 하나였고, 국가의 엘리트로서 이를 실천하고자 노력했다. 물론 그 과정에서 비판도 많이 받았다. 싱가포르의 정치 체제와 사회 구조는 권위주의, 더 나아가 독재에 가깝다는 평가가 지배적이고, 여기에는 리콴유와 고켕스위의 지분이 큰 것 역시 사실이다. 다만, 이러한 평가와는 별개로 그의 철학과 업적이 지금의 싱가포르를 일구는 데 특별한 역할을 했다는 점만큼은 기억해야 할 것이다.

김종호

모하마드 하따(Mohammad Hatta, 1902-1980)

실용 외교로
인도네시아 독립을 일구다

이야기는 상반된 운명의 두 남자에서 시작한다. 이들은 살아온 환경도 다르고 성격도 판이하다. 한 남자는 매력적인 외모에 좌중을 압도하는 말솜씨를 가졌다. 다른 남자는 평범한 외모에 신중하고 합리적인 언어를 구사한다. 세상을 살다 보면 한 조직 내에서 상반된 특성을 가진 사람이 함께 활동하는 모습을 볼 수 있다. 정치인은 열정적인 성격이 유리하다. 자기 이상을 대중에게 설파하고 논리적으로 설득하는 사람은 대중에게 뚜렷하게 각인된다.

지금으로부터 90년 전 네덜란드령 동인도 지역 식민지 주민 앞에 홀연히 두 남자가 나타났다. 한 명은 때로는 즉흥적이지만 특유의 카리스마와 리더십으로 대중의 관심과 지지를 얻는다. 또 다른 한 명은 지적이면서 진중한 성격에 특유의 균형 감각을 갖고 있다. 정치가 한 편의 드라마라면 대중은 누구를 주인공으로 선택할까? 훗날 그 선택이 옳았다고 말할 수 있을까? 당시의 캐스팅에 의문을 제기하지는 않을까? 그를 생각하면 이처럼 여러 질문이 동시에 솟는다.

제3세계
외교 전략의 창시자

일본 제국주의의 식민 지배를 받던 아시아의 여러 국가는 1945년 8월 중순을 전후로 독립을 선언한다. 앞서 제국의 수도인 도쿄에 대량의 네이팜탄이 투하된 데 이어 히로시마와 나가사키에 두 차례 원폭 공격이 있었다. 제국주의 일본은 결국 패망하고 말았다. 항복 선언 직전인 1945년 8월 7일 일본 남방군 총사령관인 데라우치 히사이치 원수는 당시 인도네시아의 지도자인 수카르노, 하따, 위조디닝랏을 베트남 달랏으로 초대해 극진한 대접과 함께 독립을 준비하라고 언질한다.

당시 일본은 식민지 국가에 이래라저래라할 상황이 아니었다. 이미 자멸하고 있었고 전쟁을 이끌 군사력도 소진한 상태였다. 그럼에도 수카르노와 하따 일행을 초대한 것은 인도네시아에 주둔한 자국 군대를 불러들이기 위한 일종의 기만전술이었다. 자카르타로 돌아온 수카르노와 하따는 고민에 빠졌다. 본국에서 항일 지하 단체를 이끄는 투사들과 달리 독립을 선언하는 데 주저했다. 급격한 정세 변화가 사회 혼란으로 이어질 것을 염려했기 때문이다.

이에 반해 청년 단체를 중심으로 독립 선언 요구가 계속되었으며 수카르노와 하따 역시 이들의 의견에 따라 독립 선언문을 준비했다. 1945년 8월 17일 아침, 수카르노 자택에 500여 명의 시민이 운집한 가운데 흰옷을 차려입은 수카르노와 하따가 연단에 올라섰다. 원래는 함께 독립 선언문을 읽을 예정이었지만, 여건상 수카르노가 짧은 연설과 함께 독립 선언문을 발표하기로 했다. "우리 인도네시아 국민은 이로써 인도네시아 독립을 선언합니다. 권력 이양에 관한 일 등은 가능한 한 이른 시간에 철저하게 이행됩니다. 자카르타, 1945년 8월 17일 인도네시아 국민을 대표하여 수카르노·하따." 이후 짧은 연설과 함께 독립 선언 의식은 끝난다.

수카르노의 독립 선언문 낭독은 인도네시아 역사에서 가장 빛나는 장면일 것이다. 한편 우리는 수카르노 옆에 있던 아담한 체구에 두꺼운 뿔테안경을 쓴 사람을 주목할 필요가 있다. 그의 이름은 모하마드 하따(Mohammad Hatta), 이슬람식 샤리아법에 의한 통치가 아닌 헌법에 의한 지배를 국가의 이념으로 채택한 장본인이다. 인도네시아 초대 부통령으로 임명된 하따는 카리스마적인 리더십을 가진 수카르노의 정치적 조언자이자 경쟁자였다. 그는 네덜란드 식민 지배에 맞서 엘리트 중심의 장기적

독립 선언문을 발표하는 수카르노(중앙)와 하따(오른쪽). 위키미디어 코먼스 갈무리.

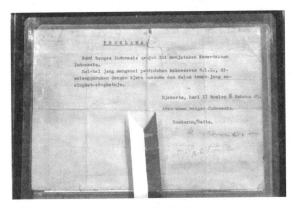

수카르노와 하따의 서명이 들어간 독립 선언문 초안. ⓒ정정훈

저항을 선택하고, 독립 이후에는 제3세계 국가가 취해야 할 외
교 전략을 제시한 뛰어난 정치가이자 시대를 뛰어넘어 존경받
는 지식인이다.

미낭까바우족의
엘리트 청년

다종족, 다종교, 다문화로 구성된 인도네시아는 '자바인의 나라'로도 불린다. 전체 2억 7000만 명의 인구 약 40%가 자바인이며, 그중 1억 명이 넘는 인구가 자바섬에 거주한다. 정치, 경제, 사회 전 분야에서 자바인이 주요 직위를 차지하며 행정과 경제 분야의 주요 기관과 시설 역시 자바섬에 있다. 공화제를 채택한 대통령제 국가로서 1대 대통령 수카르노부터 오늘날 조코 위도도까지, 역대 7명의 대통령 중 6명이 모두 자바인이었다. 이는 인도네시아가 자바 중심 사회임을 상징적으로 보여준다.

하따는 자바인이 아니다. 자카르타에서 비행기로 약 2시간 거리에 있는 수마트라 서부 고원 지대에 위치한 부낏띵기(Bukittinggi) 출신의 미낭까바우(Minangkabau)인이다. 그런 사람이 어떻게 초대 부통령 자리에 올랐을까? 이를 이해하려면 수마트라 서부 지역의 역사를 알아야 한다.

미낭까바우족은 모계 사회라는 특성 때문에 인류학자나 사회학자에게는 익히 알려진 종족이다. 이들의 가족 내 권력관계는 부계 사회와 다르다. 남성은 재산 상속 권한이 없다. 그래서 일찌감치 고향을 떠나 독립적으로 생활하는 '머란따우(Meranatau, 성공을 위해 떠나는 여행)'를 행한다. 이러한 전통은 하따가 외지에서 교육받는 배경이 된다.

부낏띵기에 있는 하따 생가. 현재 '생가 박물관'으로 활용되고 있다. ⓒ 정정훈

하따는 1902년 8월 12일 현재 부낏띵기, 과거 네덜란드 식민지 시대에 포트 데 꼭(Fort De Kock)이라 불린 이슬람 가정에서 태어났다. 애석하게도 그가 태어난 지 8개월 만에 아버지가 죽지만 부유한 외갓집 덕분에 불우한 어린 시절을 보내지는 않았다. 부낏띵기에 위치한 말레이 학교를 졸업한 그는 식민지 항구 중 하나이자 행정과 교육의 중심지였던 파당에 있던 네덜란드 학교에 다녔다. 13세 때는 어머니의 요청으로 파당의 네덜란드계 중학교인 MULO(Meer Uitgebreid Lager Onderwijis)에 입학한다.

열여덟 살이 되던 해인 1919년에는 하르트마르 고등학교에 입학하여 3년간의 수학을 마친 후 1921년 네덜란드 로테르담의 에라스뮈스 대학 경제학과에 입학했다. 석사 학위를 받은 후 박

인물로 읽는 동남아

사 과정에 진학했지만 마치지는 못했다. 유학 도중 인생의 커다
란 변곡점이 되는 사건을 만났기 때문이다.

네덜란드 본토에서 펼친
반제국주의 운동

약자로 '뻬이(Perhimpoenan Indonesia, PI)'라 부르는 인도네시아
인협회는 네덜란드에 거주하는 인도네시아인들이 조직한 단체
다. 작게는 30명, 많게는 150명의 회원으로 이루어진 뻬이는 본
국의 정치적 문제에 관여하는 국외 조직이었다. 반식민주의,
민족주의, 반자본주의를 지향하고 이를 선전하고자 〈인도네시
아 독립(Indonesia merdéka)〉이라는 잡지를 발행했다. 하따는 1925
년부터 1930년까지 뻬이 의장직을 수행하면서 인도네시아의
독립과 반제국주의 운동을 이끌었다.

뻬이의 활동은 네덜란드 정부의 이목을 끌었고, 결국 협회 수
장인 하따와 주요 간부가 체포되었다. 재판 당시 하따는 식민주
의 세력의 억압과 약탈을 고발하고 해방을 촉구하는 변론을 통
해 독립운동가이자 민족주의자로서 명성을 얻었다. 변론서는
출소 이후 《인도네시아 독립(Indonesia Vrij)》이라는 제목으로 출
판되어 인도네시아 독립운동과 민족주의 운동의 이론적 토대
가 되었다.

1920년대 인도네시아인협회 관련 사진(왼쪽에서 두 번째가 하따). 위키미디어 코먼스 갈무리.

사정이 여의찮아 보이자 하따는 결국 학업을 마치지 못하고 1932년 7월 인도네시아로 돌아온다. 이 시기 수카르노는 모든 종교를 평등하게 대하는 세속주의를 채택하고 반식민주의와 반제국주의를 지향한 '인도네시아민족당(PNI)'을 창당한다. 이를 계기로 총독부의 감시 대상이 된 수카르노는 1930년 12월 반둥의 교도소에 수감된다. 수카르노의 구속으로 인도네시아민족당이 분열하자, 하따를 비롯한 네덜란드 유학파 민족주의자들은 '인도네시아민족교육당(PNI-Baru)'에 입당한다. 이들은 인재 양성으로 장기적인 독립운동을 추구하는 노선을 제시했다. 한편 수카르노는 혁명을 통한 직접적인 독립 투쟁을 제시한 '인도네시아당(Partindo)'에 입당한다.

하따 역시 총독부의 주요 감시 대상이었다. 1934년 2월부터

인물로 읽는 동남아

1941년까지 식민 당국에 의해 억류되는데, 초기에는 서부 뉴기니 밀림 지역에 있는 강제 수용소에 있다가 1936년에는 말루쿠 군도의 반다 네이라로 옮겨 간다. 태평양 전쟁을 일으킨 일본은 인도네시아 지역을 점령하자 당시 네덜란드에 의해 구속된 지도급 인사들에게 호의를 베풀었다. 이들을 포섭하여 태평양 전쟁에 자원과 인력을 끌어들이려는 심산이었다.

그럼에도 하따와 수카르노는 일단 네덜란드를 물리친 일본에 호의적이었다. 태평양 전쟁 시기 일본의 강제 징용과 물자 약탈에 저항하기는커녕 적극적으로 협력했다. 당시 하따와 수카르노를 비롯한 인도네시아 민족주의 지도자에게 이는 네덜란드로부터 독립을 이루려는 수단이었다.

개혁과 통합에 나선
신생 독립국의 이인자

독립 선언식이 열리던 날 군중 앞에 선 수카르노는 연설을 주저하고 있었다. 밤새도록 독립 선언문을 인쇄하고 배포한 하따가 아직 도착하지 않았기 때문이었다. 수카르노에게 하따는 동료 이상이었다. 하따도 마찬가지였다. 두 사람은 서로에게 없어서는 안 될 존재였다. 이들은 협력과 경쟁을 통해 대중과 인도네시아 독립운동을 이끌었다.

힌두·불교적 요소가 가미된 자바의 신비주의 성향이 짙은 이슬람교도인 수카르노와 사회주의적 성향을 지녔던 정통 무슬림인 하따는 여러 측면에서 비교 대상이었다. 자바인과 미낭까바우인, 자바 출신과 수마트라 출신, 카리스마적인 지도자와 학식과 덕망을 가진 지도자라는 상반된 특성 때문에, 대중들은 이들의 활동에 열광하거나 때로는 흥미로운 시선으로 둘의 활동을 비교했다.

하따는 날을 꼬박 새우고 행사장에 도착했고, 수카르노와 하따는 10시 정각 단상에 올라섰다. 수카르노의 연설 이후 독립선언이라고 하기에는 매우 짧은, 단 두 문장으로 340년 네덜란드 지배와 3년 일본 지배는 끝났다. 다음날인 8월 18일 새롭게 출범하는 공화국의 정부 조직이 발표되었고, 수카르노와 하따는 각각 대통령과 부통령으로 임명되었다. 자바, 수마트라, 보르네오, 셀레베스, 말루쿠 및 소순다 열도를 포함한 영토를 확정함으로써 신생 독립국인 인도네시아공화국이 완성되었다.

하지만 국제 정세는 또 다른 도전을 예고했다. 2차 세계 대전이 끝나자 네덜란드는 이를 인정하지 않고 과거 식민지 영토의 복원을 추진했다. 이후로 수년간 두 나라는 치열한 전쟁을 벌였다. 결국 1949년 12월 27일 네덜란드가 인도네시아 땅에서 물러남으로써 수많은 희생으로 얼룩진 '인도네시아 독립 전쟁' 혹은 '인도네시아 혁명기(1945년 8월~1949년 12월)'는 마무리되었다. 이 시기 하따와 수카르노는 지지자들의 열망을 부응하면서

1950년대 부통령 재직 시 하따. 위키미디어 코먼스 갈무리.

완전한 독립이라는 목표를 향해 협력했다. 특히 수마트라 출신
들은 그들 땅인 미낭까바우 출신의 하따를 믿고 적극적으로 공
화국 정책에 협력했다. 만일 하따가 공화국 정부에서 주요 직책
을 맡지 않았다면 무슬림과 수마트라 주민의 지지를 받기 어려
웠을 것이다.

　네덜란드로부터 영토와 주권을 완전히 이양받은 인도네시아
는 1950년부터 1957년까지 의회 민주주의를 채택하며 다양한
정치 실험을 시도했다. 하따는 네덜란드가 남긴 식민지 시대의
관료주의를 개혁하고 헌법을 개정하는 데 이바지했다. 특히 확
고한 독립 성향의 자바섬 외에 여전히 네덜란드 연방 시절의 영

향력이 남아 있는 외곽 도서를 공화국에 끌어들이고자 지난한 정치적 협상을 시도했다. 하따는 특유의 논리와 협상력을 토대로 큰 유혈 사태 없이 외곽 도서의 통합을 이끌어냈다.

의회 민주주의 시기 최초의 내각인 낫시르 내각(1950.9~1951.3) 이후 수치만 내각(1951.4~1952.2), 윌로포 내각(1952.4~1953.6), 제1차 알리 내각(1953.7~1955.7)이 지속되기까지 하따는 정치와 거리를 두었다. 그러나 인도네시아 정치는 다시 한번 하따를 불러들였다. 민족주의 정당, 이슬람 정당, 공산당 등 여러 정당이 치열한 경쟁을 벌이는 상황에서 군부의 불만이 높아지고 있던 시기, 군부 세력에 밀려 잠시 외국에 나가 있던 수카르노를 대신하여 하따에게 대통령 권한이 부여되었다. 그는 하라합 내각(1955.5~1956.3) 출범과 1955년 9월 29일 있은 인도네시아 최초의 총선거를 성공적으로 치러냈다.

양두 정치의 주인공,
권력을 버리고 존경을 얻다

하따는 1955년 7월 실질적 권한이 없는 부통령직에서 사임하겠다는 의사를 수카르노에게 밝혔다. 의회주의자로서 하따는 수카르노와 군부가 추진한 권위주의적 체제와 독재적 성향에 환멸을 느꼈기 때문이다. 수카르노는 당시의 정세를 국내 분리 독립 운동과 국외 제국주의 세력으로부터 공화국을 지켜내야 할 혁명기로 파악하면서 중앙 집권적 국가 운영을 주장했다. 이에 반해 하따는 인도네시아는 넓은 국토와 다양한 종족을 고려하여 정치, 행정, 재정 권한을 나눠야 한다고 꾸준히 주장했다.

수카르노는 1959년 8월 17일 국정 연설을 통해 절대 권력 유지를 위한 새로운 헌법 체계인 교도 민주주의를 제시했다. 이듬해 의회를 해산하고 최고 입법 기관인 임시국민자문회의(MPRS)를 설치해 독재의 발판을 마련했다. 하따는 이를 중앙 집권적 권력 행위가 아닌 독재 체제라고 맹렬히 비판했다. 하지만 과거와 달리 수카르노는 하따의 비판에 아랑곳하지 않았다. 국내 정치를 완전히 장악한 후 인도, 유고슬라비아, 이집트와 함께 비동맹 세력을 이끌었다.

수카르노의 교도 민주주의 시기와 뒤이은 수하르토의 '신질서' 시대 동안 정치에서 완전히 벗어나 있던 하따는 1980년 3월 14일 77세를 일기로 세상을 떠났다. 그는 생전에 네덜란드와의 독립 전쟁과 군부의 도전 등 사회적 혼란이 가중되는 상황에서 부통령, 총리, 국방부 장관, 외무장관을 역임하면서 안정적으로 국정을 이끌어왔다는 평가를 받았다. 수카르노와의 결별 이후 가감하게 정계를 은퇴하는 결단을 내리기도 했다. 만약 그가 수카르노 혹은 수하르토 정부와 손잡고 권력을 누렸다면 훗날 다른 평가를 받았을 것이다. 어쩌면 말년에 연금 상태로 죽음을 맞이한 수카르노처럼 비극적 결말의 주인공이 되었을지도 모른다.

정치인 하따는 실천적 학자이기도 했다. 부통령 재임 시절에는 바쁜 와중에도 대학의 강연 요청을 수락했다. 전공을 살려 경제 관련 강연을 하고 책을 출판했다. 특히 노동조합과 관련된 그의 신념은 매우 확고하여, 1953년 인도네시아 노동조합 협회의 공로패와 함께 '인도네시아 노동조합의 아버지'라는 호칭을 얻었다.

하따의 여러 업적 중 현재까지도 높이 평가받는 부분은 바로 그가 펼친 독립과 비동맹 노선의 외교다. 그는 때에 따라 주변 강대국과 협력하되, 그들과 군사와 경제를 포함해 어떠한 종류의 장기적인 협정도 맺지 말 것을 강조했다. 이는 독립성을 결코 포기하지 않으려는 전략이었다. 하따의 외교 철학은 1948년 '두 바위의 대결'이라는 연설과 1953년 외교 전문지인 〈Foreign Affairs〉의 기고문에 뚜렷이 드러난다. 2차 세계 대전 이후 미국과 소련의 냉전 체제에서 어느 한쪽 진영에 매몰되지 않고 독자성을 강조하면서 인도네시아의 이익을 극대화해야 한다고 강조했다. 그는 독립적 외교를 주창했다. 또한 평화를 지키고 갈등을 해결하는 데 외교를 적극적으로 활용해야 한다고 보았다.

하따가 정치 일선에서 물러난 후인 1970년대, 수하르토 정부는 경제 발전을 최우선 국정 과제로 내세웠다. 미국과 일본에 대한 경제적·군사적 의존도가 높아지는 시기였다. 하따는 이에 대해 우려를 표하면서 '독립적·적극적 외교(free and active policy doctrine)'의 필요성을 다시금 강조했다.

인도네시아의 최고액 화폐인 10만 루피아의 주인공인 수카르노와 하따(오른쪽). 위키미디어 코먼스 갈무리.

　　하따는 식민지 시기 민족주의자이자 독립운동가로서 수차례 옥고를 이겨내고 독립을 위한 발판을 마련했다. 신생 독립국이 출범하고 네덜란드와의 독립 전쟁으로 혼란한 정국에서는 정치적 중재자이자 외교관으로서 역할을 십분 발휘했다. 그는 사회적 소수인 비자바 지역과 비자바인을 대표하는 인물로서 사회 통합의 상징으로 여겨졌다. 한때 '두움비라테(Duumvirate, 양두 정치)'라 일컬어지던 시기에는 수카르노와 환상의 호흡으로 정국을 이끌던 그는 독재 정치를 혹독하게 비판하는 철저한 의회주의자의 면모를 보여주었다. 또한 냉철한 정세 판단을 통해 인도네시아의 이익 앞에서만큼은 단호한 외교관이기도 했다. 하따는 사회 정의와 민주 정부 실현을 위해 헌신하며 정직한 삶을 살았던 인물로 지금도 여전히 인도네시아인들의 존경을 받고 있다.

정정훈

목타르 루비스(Mochtar Lubis, 1922-2004)

민주주의를 열망한
저널리스트 작가

2차 세계 대전 후 국제 질서는 승전국인 미국과 소련을 중심으로 재편되고 있었다. 1949년 4월에는 소련의 팽창을 견제하려는 서구 국가들이 북대서양 방위 조약(North Atlantic Treaty)을 체결하고 같은 해 10월 중화인민공화국이 수립되는 등 세계는 자본주의 진영과 사회주의 진영 간 이데올로기 대결이 격화되고 있었다. 그리고 1년 뒤 한국 전쟁이 발발했다. 이는 세계 대전 이후 최초로 벌어진 대규모 국제전이자 대리전 성격을 지닌 전쟁이었다.

한국 전쟁은 세계사적으로 매우 특이한 전쟁 중 하나다. 인류 역사상 가장 많은 국가가 단 하나의 국가를 위해 병력, 의료, 물자를 지원했다. 동남아시아 국가 중 태국과 필리핀은 전투 부대를 파견했고, 유엔 회원국이 아니었던 인도네시아는 재정을 지원했다. 전쟁을 통해 맥아더, 트루먼, 마오쩌둥, 펑더화이 등 역사적인 인물들이 등장한 것과는 별개로 한국 전쟁은 많은 희생자를 낳았다. 이들은 이데올로기 대결의 장에서 이름 없이 죽어갔다.

인도네시아인의
눈에 비친 한국 전쟁

이러한 한국인의 아픔에 공감하고 기록한 사람이 있었으니, 인도네시아 종군기자 목타르 루비스였다. 그는 한국 전쟁의 역사적 배경, 국제 정치의 현실 그리고 전장의 상황을 냉철한 시선으로 세계에 알렸다. 한국 전쟁 발발 후 미국이 중심이 된 유엔의 참전이 결정됐고, 같은 해 7월 미군과 영국, 터키, 타이, 오스트레일리아 등 17개국에서 파견한 5만여 명의 유엔군이 한반도에 도착했다. 전세는 불리했다. 미군은 평택, 안성, 대전 전투에서 연이어 패배했고 북한군에 밀린 미군과 유엔군은 낙동강까지 밀려 내려갔다.

전세를 극적으로 역전시킨 것은 인천상륙작전이었다. 유엔군은 1950년 9월 28일 서울을 탈환했다. 당시 목타르 루비스는 28세의 젊은 기자였다. 그는 자카르타를 출발하여 필리핀과 일본을 거쳐 부산에 도착한 후 밀양, 대구, 대전, 김포, 인천, 서울로 이동하면서 전쟁의 참상을 담담하지만 연민 어린 시선으로 기록해나갔다. 목타르는 한국 전쟁과 관련한 보도가 대부분 승전 소식에 치우쳐 있음을 아쉬워했다. 실제로 전쟁의 직접적인 피해자인 한국 주민들의 이야기는 거의 다뤄지지 않았다.

목타르 루비스는 유엔군과 함께 전장 곳곳을 누비면서 폐허가 된 집, 가족을 잃고 망연자실한 사람들, 이데올로기 싸움으로 누구도 믿을 수 없게 된 현실에 관해 썼다. 그는 다른 외신 기자와 달리 한국인의 심정을 이해하고자 노력했다. 동료 기자들이 아군이 전투에서 세운 혁혁한 공로를 보도하는 데 주력할 때 그는 "역 근처 길가에서 자신의 소지품을 보관해두었던 너덜너덜한 바구니를 놓고 잠을 자는 난민 노인의 마음과 생각을 알고 싶었을 뿐이다"라고 썼다. 인도네시아로 돌아간 후에는《한국에서의 기록(Tjatatan Korea)》을 출판하기도 했다.

목타르 루비스의 눈에 비친 한국 전쟁은 당사자인 우리에게도 특별한 의미가 있다. 북한의 침략으로 시작된 전쟁이지만, 한반도를 둘러싼 강대국들의 잘못된 정세 판단과 그들 간의 이해관계, 무능한 남한의 정치 지도자도 빼놓을 수 없는 요인이었다. 무엇보다도 목타르가 전하는 기록에는 전쟁 당사자로서 겪은 인간적인 고통이 담겨 있다. 그는 인간적인 눈으로 전쟁을 기록하고자 했다. 이는 전쟁이라는 극단적인 상황에서 갑작스레 발현된 것이 아니다. 그가 남긴 인류애는 문학가이자 기자로서의 삶 전반에서 찾아볼 수 있다.

《한국 전쟁의 기록》표지 속 미군 장교의 옷을 입은 목타르 루비스. 위키미디어 코먼스 갈무리.

외곽 도서 출신의 청년,
민족주의와 만나다

목타르 루비스는 1922년 3월 7일 서부 수마트라의 번화한 항구 도시인 파당(Padang)에서 태어났다. 파당을 비롯한 서부 수마트라 지역은 미낭까바우족이 인구의 절대다수를 차지한다. 하지만 그는 수마트라섬 북부 산악 지역에 주로 분포한 만다일링족(Mandailing)에 속한다. 이름 중 목타르(Lubis)는 만다일링족 중에서도 목타르 씨족의 일원임을 보여준다.

목타르의 아버지는 귀족 출신으로 네덜란드 식민 정부의 고위 공무원을 역임했다. 부유한 가정환경은 교육의 기회를 넓혀주었다. 덕분에 목타르는 네덜란드 식민지학교(Hollandsch Inlandsche School, HIS) 등 평범한 또래들과 달리 높은 수준의 서양식 교육을 받을 수 있었다.

초등학교를 졸업한 후 입학한 학교는 민족주의 성향을 지닌 경제고등학교(Sekolah Ekonomi)였다. 그는 다양한 언어로 된 책을 두루 섭렵한다. 이 시기 민족주의적 영감을 받은 선생님들의 가르침은 그에게 인도네시아인이라는 정체성을 확고히 심어준다. 한편 공산주의에 대한 반감이 깊어지는데, 당시 한 교사로부터 귀족 출신인 아버지나 식민지 관료가 공산주의자들의 첫 번째 표적이 될 것이라는 말을 들었기 때문이다.

목타르가 1939년 학업을 마칠 무렵 그는 독립과 민족주의 운동을 이끄는 두 지도자, 수카르노와 하따의 글과 연설을 통해 민족주의 사상을 다져갔다. 파당 인근의 작은 섬에서 직장 생활을 시작했는데 네덜란드어와 수학을 가르치는 일을 했다. 그러나 학생들에게 훗날 인도네시아의 국가가 될 노래 '인도네시아 라야(Indonesia raya)'를 가르치는 등 민족주의 사상을 알리다 해고되고 만다.

17세가 된 목타르는 고향으로 돌아가지 않고 수도인 바타비아(현재 자카르타)로 향한다. 그곳에서 은행에 취업했으나 일보다는 민족주의에 심취한 이들과 교류하는 데 관심을 보였다. 유럽에서 나치즘이 확산되자 식민 지배국인 네덜란드는 전쟁 준비에 여념이 없었고, 일본은 중국을 넘어 동남아시아 지역으로 전쟁 범위를 확장시키고 있을 무렵이었다. 인도네시아의 석유는 전쟁 당사국인 일본으로서는 승리를 위해 꼭 필요한 자원이었다.

1942년 3월 5일 일본군이 인도네시아를 점령했고 목타르는 직장을 잃었다. 이후 그는 앞으로 자신에게 수많은 영광과 시련을 안겨줄 일을 시작한다. 당시 일본군은 미군을 비롯한 연합군 정보를 수집하고 있었다. 영어에 능통한 현지인이 필요했고 목타르는 적임자였다. 그는 영어 라디오 방송을 요약하는 일을 맡았는데, 이는 신문과 방송의 영향력을 깨닫는 계기가 된다. 당시 인도네시아 민족주의자들은 네덜란드를 견제하고자 일본과 협력하고 있었다. 목타르는 그들과 교류를 넓혀갔지만, 인도네시아인에 강제 노동인 로무샤(rōmusha)를 독려하는 수카르노의 정치적 행보에 비판적이었다. 이는 독립 이후 수카르노와의 악연을 예고하는 것이기도 했다.

인도네시아는 1945년 8월 17일 세계사에 유례가 없을 만큼 기나긴 식민지 시기를 끝내고 독립을 이루어냈다. 이후 혼란이 찾아왔다. 내부적으로는 다양한 정치 집단 간에 갈등이 빚어졌고 외부적으로는 네덜란드가 식민 영토 수복을 노리고 있었다. 이때 목타르는 인도네시아 국영 통신사인 안타라(ANTARA)에 합류하면서 본격적인 기자 생활을 시작한다. 취재 과정에서 여러 정치인과 교류했고 아시아의 여러 신생 독립 국가를 방문하면서 국제적인 감각을 키워나갔다.

네덜란드와의 독립 전쟁 기간 목타르는 안타라(Antara), 메르데카(Merdeka), 마사(Masa), 무티아라(Mutiara) 등 언론사에서 기자와 편집자 생활을 했다. 이 시기 소설《내일은 없다(Tidak ada Esok)》를 발표하면서 작가로 데뷔한 그는 인도네시아 예술가협회 창립을 주도하는 등 문학과 예술 영역에서 활동을 이어갔다. 저널리즘을 사회 발전의 수단으로 인식했던 목타르에게 허구적 글쓰기는 또 다른 삶의 자양분이 되었다.

독립 이후의 언론 활동:
수카르노 비판과 탄압

네덜란드로부터 완전한 독립을 쟁취한 날로부터 이틀 후인 1949년 12월 29일 '인민으로부터, 인민에 의해, 인민을 위하여'라는 목표를 가진 신문 〈인도네시아 라야(Indonesia Raya)〉가 창간되었다. 여기에 군부가 개입했는지에 대해 여러 이견이 있지만, 재정적 지원이 있었던 것은 분명하다. 그럼에도 목타르를 비롯한 창간 주역들은 독립성, 특히 특정 정치 집단의 이익에 얽매이지 않는 언론을 지향했다.

당시 인도네시아 국내 정치 상황은 혼란스러웠다. 네덜란드의 다당제 민주주의 방식을 도입해 의회 민주주의를 실시했는데, 다수 의석을 차지하는 정당이 없어 정당 간 연합을 통해 총리를 선출해야 했다. 당시 신문들은 유대 관계를 형성하고 있는 특정 정당이나 정치 집단의 이익에 부합하는 기사를 썼다. 이에 반해 〈인도네시아 라야〉는 비판적이고 독립적인 언론을 지향했으며 이로써 '자카르타의 가장 우수한 감시 저널리즘'이라는 평판과 대중성을 획득할 수 있었다.

〈인도네시아 라야〉에 대한 대중의 지지와 영향력 확대는 필연적으로 정치인과 충돌할 수밖에 없었다. 민주주의 사회에서 저널리즘의 권력 감시는 정치 지도자가 바른 선택을 하게끔 돕는 역할을 한다. 하지만 권위주의 정부는 결코 언론의 비판을 허락하지 않는다. 오히려 언론을 길들이거나 통제할 방법을 찾는다.

인도네시아 독립 이후 초대 대통령이 된 수카르노의 정치적 행보에 관해 여러 이견이 있다. 의회 민주주의하에서 대통령은 실권이 없다. 그러나 군부와 수카르노에게는 독자적인 정치력을 발휘할 힘과 대중의 지지가 있었다. 수카르노는 1952년 수파노아수르소 장군이 주도한 군사적 시위를 진압함으로써 그의 정치적 영향력을 재차 확인했다. 이후 역사적인 인도네시아 최초의 총선거가 1955년 9월 29일 실시되었지만, 도리어 의석을 가진 정당이 28개로 늘어남으로써 정치적 혼란이 가중되었다. 1957년 수카르노는 군부를 포섭하고, 한편으로는 국가평의회를 설립하여 중앙 집권 통치를 골자로 하는 교도 민주주의 체제의 발판을 마련했다. 이후 1959년 8월 17일 독립기념일에 교도 민주주의 이념을 명백히 하고 의회 해산을 통해 국내 정치를 장악했다.

말라리 사건 당시 거리의 군중. ⓒ 인도네시아 공보부

　목타르는 수카르노가 실권을 장악하기 전부터 비판적인 기사를 계속 썼다. 여기에는 정치적인 평가와는 별개로 개인적인 감정도 작용했다. 수카르노가 네 번째 부인인 하르티니와 결혼하자 두 사람의 연예와 결혼에 대한 기사가 〈인도네시아 라야〉에 게재되었고 이는 수카르노의 도덕성을 지적하며 부정적인 여론을 만들었다. 목타르는 수카르노가 성적으로 난잡하고 이기적이며 비합리적이고 정치적인 기회주의라고 비난했다.

　수카르노와 정부 인사의 부정부패에 관한 기사는 정권과의 관계를 더욱 악화시켰다. 목타르는 결국 재판 없이 구금되고 〈인도네시아 라야〉는 폐간되었다. 1961년 봄, 일시적으로 가택연금에서 풀려났다가 같은 해 7월 다시 체포되어 동부 자바의 마디운의 감옥에 수감되었다. 수카르노 실각 후 자카르타의 군 교도소로 이감된 목타르는 정권 이양기의 혼란 상황에서 1966

년 5월 17일 석방되었다. 그러나 수난은 여기서 끝나지 않았다. 〈인도네시아 라야〉를 재발행했지만 1974년 1월 일본 총리의 인도네시아 국빈 방문에 항의하는 반일 시위인 '말라리 사건 (Peristiwa Malari)' 보도를 이유로 다시 폐간되고 목타르 역시 재수 감된다. 이후 세계 언론인들의 항의가 이어지자 정부 당국은 2개월 만에 그를 석방한다.

가택 연금 시기, 문학으로 세상과 소통하다

〈인도네시아 라야〉는 창간 이후 줄곧 비당파성과 탐사 저널리즘이라는 원칙을 지켰다. 독립 이후 사회적 혼란이 가중된 상황에서 이를 해결해야 할 정치권은 비효율과 부패로 제 기능을 발휘하지 못했다. 이를 타개하겠다는 명분으로 민주주의를 위협하는 지도자의 출현은 언론의 자유와 국민의 알 권리를 위협했다. 20세기 중반 인도네시아 정치 지도자들은 비판 세력에 법적·물리적 제재를 남발했다. 목타르는 권위주의 정부에 대항하는 상징적인 인물이었고 10여 년간 가택 연금과 투옥이라는 고초를 겪었다. 신문 폐간과 가택 연금으로 세상과 단절되었던 시기, 목타르가 택한 것은 소설이었다.

기자로 활동하던 때는 《내일은 없다》(1950년), 《끝없는 길》

문학가로서 명성이 높았던 목타르 루비스. 위키미디어 코먼스 갈무리.

(1952년) 등의 작품을 발표했다. 독립 전쟁과 이어진 혼란기 나약한 인간의 심리에 대한 묘사가 두드러진 작품이다. 감금 시기에 쓴 《자카르타의 황혼》(1963년)은 목타르를 세계적인 작가의 반열에 오르게 한 작품이다. 이 소설은 반혁명 인물의 작품이라는 이유로 인도네시아어로 발표되지 못했다. 1963년 영문으로 출간된 후 한국어, 네덜란드어, 스페인어 등 세계 각국어로 번역되었다. 이 소설은 인도네시아 사회에 만연한 부정부패의 심각성을 이야기하면서 빈민층이 겪는 참혹한 가난, 물질 만능주의, 성적 문란 등 대도시의 어두운 단면을 묘사하고 있다. 《호랑이! 호랑이!》(1975년)는 흥미롭게도 인간과 숲 그리고 호랑이를 통해 문명을 풍자한다. 독립 이후 인도네시아 지도자들의 정치적 무능과 위선을 우화적으로 비판한 작품이다.

사회적·정치적 혼란기에 목타르는 때로는 풍자적으로, 때로는 사실에 입각한 르포르타주 형식으로 작품을 썼다. 소재와 주제는 다양했으나 그 중심에는 늘 사람이 있었다. 목타르는 자서전《분노 속의 인간》(1973)에서 소설 집필에 대해 "나는 항상 경험을 바탕으로 허구의 이야기를 쓴다. 내 문학은 실화이며, 사람들의 이야기이며, 실제 삶을 바탕으로 한다"라고 고백한 바 있다.

네덜란드 식민지 시기, 독립 전쟁, 수카르노와 수하르토 집권 시기, 절대 권력을 가진 지도자들은 인도네시아 사회에 남은 봉건주의 청산을 내세웠다. 하지만 여기에는 모순이 있다. 권력자들은 늘 과거를 부정하면서도 새로운 형태의 봉건주의로 지배를 합리화한다고 목타르는 지적한다. 그에게 네덜란드 식민주의에 맞서 싸워 이루고자 했던 '진정한 목표'는 민주적 권리 달성, 기본적 인권 보장, 경제적 정의와 번영, 국민 행복의 달성, 자유와 정의 속에서 법치를 존중하는 전통을 구축하는 것이었다.

목타르는 훗날 한국 전쟁의 참상을 기록한 공로를 인정받아 1958년 라몬 막사이사이상(저널리즘 부문)을 수상한다. 기자로서 그가 보여주었던 용기 있는 보도와 인류애가 국제적으로 인정받은 것이다. "한 국가의 지도자가 적대 관계에 있는 세계적 강대국들의 휘하에서 벗어나지 못할 때 그 나라가 어떻게 파멸의 길에 이르는지를 보고 배울 수 있을 것이다." 그의 소설 〈호랑이! 호랑이!〉의 한 대목이다. 어쩌면 목타르는 전쟁 보도를 통해 자국민들에 교훈을 남기고 싶어 했는지도 모른다.

정정훈

3장

독립의 꿈,
민족의 청사진을 그리다

아웅산(Aung San, 1915-1947)

근대 버마의
청사진을 그린 독립 영웅

2021년 2월, 민주화 세력의 움직임에 반발한 군부의 쿠데타로 아웅산 수끼(Aung San Suu Kyi, 규범 표기는 '수치') 여사는 감금되었다. 노벨 평화상 수상자의 감금 사태는 국제 사회의 관심을 끌었다. 이후 뜻밖의 소식이 들려왔다. 주로 일본 매체를 통해서 알려진 이 뉴스는 아웅산 수끼가 감금된 이후 유일하게 반출된 물품에 관한 것이었다. 바로 오래된 일본도(日本刀)로 버마 민주화의 영웅 아웅산 수끼의 정치적 자산인 아버지 아웅산 장군의 유품이었다. 아웅산 수끼는 보관 중인 일본도가 너무 낡아 다시 손봐야 한다며 일본 대사에게 도움을 청했다. 일체의 물품 반입·반출이 불가한 상황에서 벌어진 일이었다.

해당 일본도의 존재를 알고 있던 일본국제교류기금(Japan Foundation)이 직접 나서 해당 일본도를 생산지인 오카야마현의

장인에게 전달했다. 원래 이 일본도는 1942년 아사히 신문 회장이 쇼지로 장군에게 선물로 준 것이었다. 쇼지로는 당시 버마 주둔 일본군 총사령관으로 내정되어 있었다. 일본도는 전쟁 중에 향방이 오리무중이다가, 아웅산 장군의 손에 들어가게 되었다. 그러나 장군은 버마가 독립을 준비 중이던 1947년에 암살당하고 만다. 생전에 장군은 평소 딸에게 이 일본도를 일본군에게 선물로 받은 것이라고 했다고 한다. 아웅산 장군은 일본과 깊은 인연이 있다. 이는 20세기 제국주의 식민지 시기와 영국의 버마 지배, 그에 대한 버마인들의 저항과 관련이 있으며, 아웅산 장군은 이러한 역사적 소용돌이의 한가운데에 있던 인물이었다. 그 인연이 일본도를 통해 아웅산 수끼에게도 전해진 것이다.

청년기 학생 운동과
무장 투쟁

동남아시아 근현대사를 조망하다 보면 오랜 식민지 역사를 만나게 된다. 제국주의 식민지가 곳곳에 건설되면서 현지인들을 착취했고 이에 반제국, 반식민을 표방하는 저항이 다양한 사상적 배경하에 각지에서 일어났다. 그리고 그들의 힘을 하나로 모으는 '민족의 영웅'들이 떠오르면서 민족주의 열풍을 주도했다. 이들은 식민지를 넘어 새로운 공동체를 만들고 전통을 계승

1940년 아웅산의 모습. 위키미디어 코먼스 갈무리.

하는 데에 결정적인 역할을 하면서, 스스로 국가 및 민족의 정
체성을 대표하는 상징이 되었다. 호세 리잘(규범 표기는 '리살'),
호찌민, 리콴유, 수카르노 등이 대표적인 인물이다. 버마에는
아웅산이 있었다. 그의 영향력은 너무나 거대하여 영국에서 아
버지와는 무관한 삶을 살아온 딸이 고국에서 순식간에 민주화
의 영웅·투사가 될 정도였다. 무엇보다 아웅산의 급작스러운
죽음이 그를 신화로 만들었다.

 1915년 태어나 1947년 암살될 때까지 32년을 불꽃처럼 살다
간 아웅산은 1930~40년대 버마의 역사적 순간마다 앞장서서
대중을 이끌었다. 사람들은 아웅산을 1936년 랑군 대학(현 양곤
대학) 학생 운동의 리더로, 2차 세계 대전 당시 일본의 지원을 받

보족 아웅산 마켓 전경. 위키미디어 코먼스 갈무리.

아 대영국 무장 투쟁을 벌인 장군으로, 전후 버마의 국가 성립 시기 민족주의 지도자로, 다양한 종족들을 모두 수용하는 방향으로 통합 국가를 구상한 정치 사상가로 기억한다. 그는 민주 세력과 군부 세력 모두의 지지를 받은 유일한 인물이었다. 그의 업적은 버마 각지의 주요 지명, 도로명, 관공서의 외벽 그림으로 남아 우리에게 다가오고 있다.

대표적으로 오늘날 양곤 중심가 시장에는 아웅산의 이름을 딴 건물이 있다. 식민지 건축 양식을 띠고 있는 이 건물은 1926년 영국에 의해 지어졌으며 당시 총독의 이름을 딴 스콧 마켓으로 불렸다. 1947년 아웅산이 암살당한 이후 1948년 버마의 독립과 그를 기리는 뜻으로 아웅산 마켓으로 이름을 바꾸었다.

쑨원이 중국과 타이완에서 그러하듯, 필리핀에서 호세 리잘

인물로 읽는 동남아

이 그러하듯, 인도네시아에서 수카르노가 그러했듯, 아웅산은 지금의 미얀마라는 국가를 상징하는 존재다. 군부의 아버지, 장군들의 장군으로서 최고 직위의 장군을 의미하는 '보족(Bogyoke)'이라는 호칭은 오직 아웅산에만 허용된다. 미얀마 최초로 군사 조직을 만든 그를 가리키는 정식 명칭은 '보족 아웅산'이다.

영국 식민지
정책에 맞선 버마인들

인도를 점령한 영국은 수십 년에 걸친 세 차례 전쟁 끝에 1886년 버마 지역을 점령하고 이듬해 이 지역을 영국령 인도의 한 주로 편입한다. 이후로 영국 식민주의, 제국주의에 대한 기나긴 저항이 이어진다. 이는 버마, 오늘날 미얀마인들의 정체성을 찾아가는 과정이기도 했다. 남아시아나 동남아시아의 다른 지역과 마찬가지로 버마도 초기 민족주의 운동에서 종교가 중요한 역할을 했다. 상좌부 불교로 대표되는 버마의 불교는 버마인들 삶의 기반이자 정신적 지주다. 식민지 이전, 버마를 통치한 왕들은 세속적 권력이자 종교 지도자였다. 영국 점령 이전 마지막 왕조였던 꼰바웅 왕조가 패망한 후 인도로 유폐된 왕을 대신하여 승려들이 버마인들의 정신적 지주가 되었다.

20세기 초는 제국주의의 침략과 식민지 건설, 여기에 대한 아시아인들의 저항이 점철된 시기로 독립과 자강 의지에 불을 붙이는 세계사적 사건들이 벌어졌다. 아시아 국가들 가운데 가장 먼저 근대화에 성공한 일본이 당시 유럽 최강국으로 분류되던 러시아를 물리친 사건(러일 전쟁)도 이 시기에 일어났다. 인도에서는 인도국민회의(Indian Nationalist Congress)가 발족하여 남아시아 전역에 걸친 민족주의적 움직임을 촉발했다. 러시아에서는 사회주의 혁명으로 1922년 최초의 공산주의 국가인 소련(소비에트사회주의공화국연방)이 성립했다. 이는 제국주의 주도로 진행된 자유무역 및 자본주의에 고통받던 아시아 지역 지식인들에게 기존 질서를 전복하기 위한 수단으로 인식되면서 사회주의 열풍을 불러왔다. 이 흐름에서 버마도 예외는 아니었고, 러시아 혁명은 민족주의를 기반으로 저항을 주도하던 엘리트들을 자극했다.

1906년 버마에 기독교 청년 운동 단체인 YMCA를 모델로 한 YMBA(Young Men's Buddhist Association)가 설립되었다. 사회·종교·문화적 이슈들에 주목하던 YMBA는 10년 후인 1916년, 정치에 참여하기 시작했다. YMBA를 포함한 버마의 저항 단체들의 메시지는 분명했다. 인도에 편입된 버마의 지위를 회복하여 완전한 독립을 이루겠다는 것이 핵심이었다. 영국 정부는 이들의 주장을 일부 받아들여 일종의 자치 실험을 진행하기도 했다. 그러나 완전한 독립과는 거리가 있어 버마인들의 반발을 불러일으켰다.

영국은 버마의 저항을 무마하고자 설립한 식민지 의회에 민족주의 운동가들을 다수 참여시켰는데, 버마인은 이를 영국에 대한 부역으로 간주했다. 기존의 수많은 민족주의 지도자들이 신망을 잃게 된 것이다. 결국 영국은 1937년 버마를 인도로부터 완전히 독립된 자치 행정 구역으로 설정했다. 이 시기부터 젊은 민족주의 운동가들이 정치 무대에 뛰어들면서 버마의 반식민·반제국 민족주의 운동은 새로운 국면으로 접어든다. 아웅산 역시 그렇게 등장한 인물 중 한 명으로 이후 정국을 주도하게 된다.

반제국주의 운동으로
얻은 국제적 명성

1915년 2월 13일 중부 버마의 나트마욱(Natmauk)에서 태어난 아웅산은 어린 시절을 "부유한 농촌의 상류층이자 애국주의자 조상을 두었다"고 회상한 바 있다. 아웅산 수끼에 따르면, 친가 쪽은 버마 왕실에서 높은 지위를 누렸으며, 외삼촌인 우민야웅(U Min Yaung)은 체포되어 처형되기 전까지 영국과 싸운 초기 저항 세력의 리더였다고 한다. 우민야웅은 가문의 자랑이자 후세에 저항의 씨앗을 심어준 존재였다. 아웅산은 어린 시절부터 영국의 지배와 버마인들의 고통에 깊이 공감하며 문제의식을 키웠다. 고등학교 시절에는 학생 연합체를 결성하여 선동 활동에 가담하기도 했다. 이때 이미 동학들에게 국가의 복지 정책과 영국으로부터의 독립을 주장했다고 한다. 유명한 버마 독립운동 지도자들이 이끄는 집회에 참석하기도 했는데, 당시 유명했던 우소떼인(U Soe Thein)의 연설에 감명을 받았다고 한다.

1932년 랑군 대학에 입학한 아웅산은 적극적으로 반제국주의 독립운동에 가담하지 않는 불교 지도자들에 대해 비판적인 태도를 보였다. 이때부터 아웅산은 버마 지식층 사이에 유명인이 된다. 그는 1935년 랑군 대학 학생 조직(Rangoon University Students Union)의 기관지 격인 〈오웨이(Oway, 공작의 부름)〉의 편집장이 된다. 공작은 미얀마의 국조(國鳥)로 버마인들의 저항을 상징한다. 당시는 주인이라는 뜻의 따낀(Thakin)당이 버마 전역에 이름을 떨치던 시기였다. 아웅산이 속한 랑군 대학 조직과 함께 '전버마청년동맹(All Burma Youth League)'을 결성한 것도 이때다. 아웅산의 오랜 친구이자 랑군 대학 학생 대표였던 우누(U Nu) 역시 여기에 가입했다. 우누는 아웅산의 오랜 정치적 동지로 버마 독립 후 초대 대통령이 되는 인물이다.

1936년은 학생 운동이 극에 달한 시기로 아웅산의 저항 활동이 중요한 변곡점을 맞이한 해이기도 하다. 1936년 2월, 학생 대표인 우누가 대학 교직원의 부도덕한 행위를 비난하는 연설을 한 혐의로 체포된다. 아웅산도 교내 활동 관련한 혐의로 체포되었으며 이를 계기로 랑군 대학 학생들의 시위가 불길처럼

인물로 읽는 동남아

번지기 시작한다. 법을 공부하러 대학에 들어갔으나 시대는 그를 정치의 길로 이끌었다. 그의 학생 활동은 젊은 리더, 새로운 저항의 상징으로 인식되었다. 리더였던 우누보다 아웅산의 체포가 랑군 대학 학생들을 자극했다고 하니, 지도자로서 그가 가진 매력이 상당했던 것으로 보인다.

1936년의 대규모 시위로 전국적 인지도를 얻은 아웅산은 졸업 후에 '전버마학생조직(All Burma Students Union)'을 만들고 대표가 된다. 식민 정부에서조차 그를 '랑군 대학 관련법개정위원회'에 참석할 학생 대표로 지명할 정도로 영향력이 컸다. 1938년 10월에는 버마에서도 가장 적극적이면서 혁명적인 저항 조직인 '도바마 아시아욘(Dobama Asiayon, 버마인 연합, 따낀당)'에 가입하면서 본격적으로 전국 단위 저항 활동에 나선다. 도바마 아시아욘을 비롯하여 저명한 바모 박사(Dr. Ba Maw)의 빈민당(Poor Man's Party) 등 다양한 단체와 연합하여 자유연합당(Freedom Bloc Party)을 조직하고 사무총장이 된다. 아웅산은 유럽에서 영국이 전쟁에 돌입한 상황이 버마에는 기회라면서 대중들을 설득해나갔다.

영국이 가만히 있을 리 없었다. 식민 당국은 아웅산을 정부 전복 세력으로 규정하고 체포에 나섰다. 해외로 탈출을 결심한 그는 인도의 람가(Ramgarh)에서 간디, 네루, 찬드라 보스 등 다양한 민족주의 운동가들을 만나 국제적인 명성을 쌓아나갔다. 한편으로는 인도 여러 도시와 대학에서 강연하면서 버마의 반제국주의 운동을 세계에 알리고 국가와 민족을 초월한 연대를 호소했다.

아웅산의 일관된 주장은 국가와 민족의 독립을 위해서는 희생이 필요하며, 무력 등 수단과 방법을 가리지 말아야 한다는 것이었다. 아웅산의 말처럼 유럽에서 발발한 2차 세계 대전은 버마인들과 저항 단체들에는 절호의 기회였다. 노동자, 농민, 학생들이 영국에 저항하는 반제국주의적 활동을 전개하기 시작했다. 도바마 아시아욘을 비롯한 자유연합당이 주도적인 역할을 했다. 1940년 인도에서 활동하던 아웅산이 버마로 돌아왔다. 그는 군대를 조직하여 기회를 최대한 활용하고 싶었다. 같은 해 8월, 그는 중국 공산당의 도움을 구하고자 상하이로 출발했다. 그사이 푸젠성 샤먼에서 일본군 헌병이 그에게 접근했고, 군사 훈련 프로그램을 제공해 버마인들을 돕고 싶다는 제안을 받는다. 11월의 일이었다.

태평양 전쟁기
연합과 통합 전략

일본군이 아웅산에게 접근한 이유는 무엇일까. 일본은 1937년부터 장제스가 이끄는 중국 국민당 정부와 중일 전쟁을 벌이고 있었다. 일본 측은 수도인 난징과 경제 중심지 상하이를 장악하며 장제스를 압박했지만, 장제스는 충칭으로 수도를 옮기

　　　　　　　　　　　　　인물로 읽는 동남아

는 강수를 두며 끈질기게 버텼다. 미국과 영국의 압박 속에서 국민당 정권과의 전쟁을 빨리 끝내고 싶었던 일본으로서는 윈난성을 경계로 중국과 국경을 접하는 버마 지역의 혁명 세력은 활용 가치가 충분했을 것이다. 1941년 2월, 아웅산은 일본군 대령 스즈키 케이지의 협력 아래 버마에서 30여 명의 청년을 데려와 훈련시킨다. 훗날 군사 쿠데타로 정권을 잡는 독재자 네윈(Ne Win)도 그중 한 명이었다. 아웅산은 이들을 중심으로 버마독립군(Burma Independence Army)을 조직하는데 이는 버마방위군(Burma Defence Army)의 모태가 된다. 도쿄와 하이난섬 곳곳에서 수개월간 훈련받으면서 아웅산은 버마 무장 투쟁을 이끄는 저항군 지도자로 거듭난다. 일본군으로부터 소장 직위를 받은 그는 버마독립군을 이끌고 아시아 태평양 전쟁에 참전한다. 1942년 일본군과 함께 영국령 버마를 침공한 것이다. 짧은 일본 점령기의 시작이었다.

영국군과 중국 국민당군, 미군 중심의 연합군을 몰아내고 버마 지역을 점령한 일본은 바모 박사를 앞세워 괴뢰 정부를 세운다. 바모 박사는 버마독립군의 리더 아웅산을 국방부 장관으로 임명한다. '보족', 즉 최고의 장군이라는 그의 명성은 이때 만들어졌다고 할 수 있다.

그러나 승리의 기쁨도 잠시, 협력자를 자처하던 일본은 곧 검은 속내를 드러냈다. 아웅산에게 버마의 독립을 약속했던 일본은 처음부터 그럴 뜻이 없었다. 수개월의 훈련 만에 아웅산에게 소장 직위를 준 데는 그를 꼭두각시로 활용하려는 의도가 있었다. 30명의 버마독립군은 그저 버마 점령을 위한 도구였을 뿐이다. 실제로 일본의 버마 점령은 약탈과 착취로 점철되었고, 버마인들을 영국 및 국민당과의 전쟁에 동원했다. 강한 배신감 속에서 아웅산은 일본에 저항하기로 결심했다. 혼자 힘으로는 무리임을 잘 알고 있던 그는 연합을 계획했다.

버마인들과 사이가 나빴던 카렌족들을 끌어안아야 했다. 카렌족은 버마 북부 산악 지역의 소수 민족으로 영국 선교사들의 영향으로 일찍부터 기독교로 개종한 이들이 많았다. 영국이 이들을 용병, 경찰 및 군대 요원으로 활용하면서 버마인들을 탄압했다. 당연히 관계가 좋을 리 없었다. 카렌족은 버마인들에게 영국인들만큼이나 증오의 대상이었다. 1942년 3월, 일본의 랑군(현 양곤) 점령 이후 영국은 버마 땅에서 물러났다. 그러자 버마 전역에서 카렌족 군인들과 버마인들 사이에 싸움이 벌어졌다. 그러나 아웅산은 일본을 몰아내려면 베테랑 군인들로 구성된 카렌족과의 연합이 필수라고 생각했다. 1943년 11월, 랑군에서 카렌족 지도자 쏘산포띤(Saw San Po Thin)과 만났다. 그들은 애초에 일본군을 이 땅에 들인 아웅산을 비난했다. 아웅산은 잘못을 솔직하게 시인하면서 그래도 함께 싸워야 하지 않겠느냐고 설득했다. 이듬해에는 카렌족 지도자와 함께 버마 전역을 돌아다니며 자신의 과오를 사과하고 종족을 초월한 저항을 호소했다.

1944년 8월과 9월, 아웅산은 수차례 회의 끝에 반파시스트조직(AFO, Anti-Fascist Organization)를 결성하여 전국적 반일 저항 운동을 전개했다. AFO는 훗날 버마의 주요 정치 조직인 반파시스트인민자유동맹(AFPFL, Anti-Fascist People's Freedom League)이 된다. 아웅산은 일본의 적인 영국도 끌어들인다. 과거 저항과 공격의 대상이던 영국에 손을 내밀어 일본을 함께 몰아낼 것을 제안하고 긍정적인 반응을 이끌어낸다. 인도에서 영국군을 이끌던 루이스 마운트배튼 장군은 아웅산의 실용적이고 솔직한 태도에 깊은 인상을 받고는 후에 독립한 버마군의 지도자로 세울 계획을 세웠다고 한다. 아웅산의 나이 30세가 되던 해였다.

1945년 일본 패망과 함께 영국이 다시 버마에 입성한다. 애초에 그들은 '화이트 페이퍼 정책'을 통해 버마를 3년간 직접 통치하면서 제헌 의회 구성 기회를 줄 계획이었다. 그러나 아웅산과 AFPFL은 즉각적이고 완전한 독립을 요구했다. 아웅산이 직접 런던으로 건너갔다. 1947년 1월 27일 아웅산은 영국 총리 클레멘트 애틀리(Clement Attlee)와 최종 합의에 도달하여, 1년 이내에 버마의 완전한 독립을 약속받았다. 유명한 '아웅산-애틀리 협정'이다. 흥미로운 사실은 영국 런던으로 향하기 전 아웅산이 인도에 들러 네루를 만났다는 점이다. 그로부터 국제 외교에 관한 조언을 듣는 데 그치지 않고 이후 파키스탄과 방글라데시로 분리될 무슬림연맹의 지도자들도 만났는데, 아마도 독립 이후 주변국들과의 관계까지 염두에 둔 행보로 짐작된다.

카친족 여성들과 사진을 찍는 아웅산(1946년). 위키미디어 코먼스 갈무리.

　1915년 버마 중부의 시골 마을에서 태어난 아웅산은 어린 시절부터 영국의 식민 지배에 신음하는 버마의 독립을 꿈꾸었다. 대학생으로서, 졸업 후에는 저항 세력의 리더로서, 저항군 세력의 장군으로서 끊임없이 버마의 독립을 위해 싸웠다. 이 과정에서 그는 독립에 도움만 된다면, 사회주의 세력, 소수 종족, 일본, 영국 등 상대를 가리지 않고 손을 내밀었다. 일본의 도움으로 영국을 물리친 그는 일본이 배신하자 곧바로 영국에 손을 내미는 실용적 사고의 인물이었다. 일본을 끌어들인 자신의 과오를 솔직하게 고백하는 담백한 면모를 보이기도 했다. 얼핏 모순적으로 보이는 그의 행보는 오로지 버마의 자주적 독립을 향한 것이었다. 그리고 1947년, 마침내 그는 버마의 독립을 이뤄냈다.

　버마 내부의 연합도 중요한 과제였다. 일본을 몰아내는 데

　　　　　　　　　　　　　인물로 읽는 동남아

에 버마 종족만으로는 역부족임을 느낀 그는 카렌족은 물론 샨(Shan), 친(Chin), 카친(Kachin) 등 다양한 소수 종족과 연합했다. 독립의 열망이 들끓던 1945~1947년의 해방 공간에서 그들의 도움을 잊지 않고, 함께 공존할 대안으로 연방제를 주장했다. 버마인들과 카렌족을 비롯한 소수 종족 사이의 갈등이 극에 달하던 1946년 12월 그는 직접 카렌족 거주지를 찾아갔다. 수만 명의 카렌족 앞에서 그들의 전통 의상을 입고 그들의 입장을 충실히 대변하면서 버마의 미래를 설파했다. 이러한 노력은 1947년 2월, '버마연방(Union of Burma)'의 성립을 선포한 팡롱 협정(Panglong Agreement)으로 열매를 맺는다.

당시 협정서에는 친족, 카친족, 샨족, 버마족 등 각 종족 대표의 서명이 망라되어 있는데, 버마족을 제외한 소수 종족은 내부적으로도 다양한 분파가 나뉘어 있어 각 분파별 지도자 서명이 적혀 있다. 버마족의 경우 대표자 아웅산만 서명했다. 여전히 갈등의 씨앗은 남아 있고, 아쉽게도 카렌족은 끝내 동참하지 않았으나 상당수 종족을 포괄하는 선언이었다. 이로써 아웅산은 버마연방 수립에 성공했다. 남은 것은 제헌 의회 구성을 통한 완전한 독립이었다. 그러나 이러한 성과에도 불구하고 그는 1947년 7월 19일 암살이라는 비극적 결말을 맞는다. 당시 버마에는 친영국 세력이 여전했고, 일본을 끌어들인 아웅산에 대한 반감도 있었으니 반대 세력에 의한 암살로 추측된다. 향년 32세의 젊은 나이였다.

THE PANGLONG AGREEMENT

1947년 팡롱 협정서. 위키미디어 코먼스 갈무리.

통일과 공존의
꿈은 유효한가

버마의 독립을 열망한 아웅산은 끊임없이 국가 만들기를 고민했다. 흥미로운 점은 일본에서 훈련받던 시기에 이미 모든 종족을 포함하는 연방 국가를 설계하고 있었다는 점이다. 1941년

188   인물로 읽는 동남아

1월 아웅산이 도쿄에서 일본군 간부들과 나눈 대화 내용이 영국 일간지 〈가디언〉을 통해 1947년에 보도된 바 있다. 여기서 아웅산은 버마가 어떠한 국가가 되어야 하는지 그 청사진을 제시했다.

"우리가 원하는 것은 독일과 이탈리아의 예에서 볼 수 있듯이 강력한 국가 행정입니다. 오직 하나의 민족, 하나의 국가, 하나의 정당, 하나의 지도자만이 존재해야 합니다. 의회 야당도, 말도 안 되는 개인주의도 없어야 합니다. 모든 사람은 개인보다 우위에 있는 국가에 복종해야 합니다. 이 국가 형태는 다른 마땅한 이름이 없어서 공화국으로 부르지만, 실제로 운영되면 독특하고 새로운 국가 형태가 될 것입니다.

이런 국가가 되는 데 필수 조건은 바로 하나의 통일 국가 건설입니다. 구체적으로 말하자면, 현재 영국의 계략으로 생긴 주요 버마 종족과 산지 부족, 아라칸(Arakan)과 샨(Shan)주 사이의 간극을 메워야 합니다. 이는 우리 민족을 낙후된 구역과 관리되는 구역으로 나누는 현재 방식과 달리 모두 동일한 대우 아래 하나의 국가로 통합하는 것을 의미합니다. 그러면 모든 낙후된 종족의 삶이 한 단계 끌어올려지고, 관리에서 제외된 지역은 적절하고 평등한 관리를 받게 될 것입니다. 예를 들어 아라칸 등 낙후 지역에 철도와 자동차 도로를 건설하고 근대적 통신 시스템을 구축함으로써 상호 교류와 접촉을 어렵게 만드는 모든 장벽을 극복할 수 있습니다.

미얀마 중부 모곡(Mogok)에 위치한 아웅산의 동상. 위키미디어 코먼스 갈무리.

새롭게 독립한 버마에서 우리의 정책 목표는 행복하고 강한 근대적인 국가를 만들고 이에 기여할 조건을 보장하는 것입니다. 생활 수준과 1인당 소득을 높이고, 가능한 한 빨리 인구를 늘려 이들을 교육하고, 규율화하며, 건강과 체력을 개발하는 등의 일이 바로 그것입니다. 그러려면 관료주의에 얽매인 현재의 중앙 집권적 행정을 단순화하고 합리화해야 합니다. 현재의 정책 및 법률 시스템을 개혁하고 이민 문제 결정, 노동과 자본의 조화, 보편적 초등 의무 교육 도입, 실용적·기술적 교육, 국가 보건 및 우생 정책 개발 등의 작업을 수행해야 합니다. 경제

인물로 읽는 동남아

적 측면에서는 영국 식민지 정부로부터 몰수한 자본의 관리와 운용, 빈민층의 부채 탕감, 고리대금 견제, 땅 없는 이들을 위한 토지 정책, 지주제(특히 부재 지주제) 폐지, 농업 현대화 등을 고려해야 합니다."

아라칸 지역은 영국인들에 의해 강제 이주한 로힝야 무슬림들 집단 거주지다. 그가 구상한 버마연방에는 산지의 소수 종족뿐 아니라 로힝야도 포함하고 있었다. 1948년 1월, 버마는 독립 국가를 선포했다. 이후 산지 부족들과의 차별과 갈등, 전쟁이 지금껏 이어지고 있다. 버마에서 쫓겨난 카렌족 난민 수십만 명이 태국 국경에서 살고 있고, 2017년에는 로힝야인들에 대한 집단 학살이 일어났다. 아웅산의 정치적 후예인 아웅산 수끼는 이를 방관했다. 아웅산에게 군사 훈련을 받은 네윈은 버마 역사상 최악의 군부 독재자로 이름을 올렸다. 아웅산은 누구보다도 버마의 독립을 원했으며 모든 종족이 공존하는 국가를 꿈꿨다. 훗날 독립은 이루어졌으나 군부 세력에 의해 그 이름이 미얀마로 바뀌었으며, 지금은 독재 국가로 남아 있다. 역사의 아이러니를 극명하게 보여주는 장면이 아닐 수 없다.

김종호

수파누웡(Souphanouvong, 1909-1995)

독립과 민주주의를 이끈
라오스의 붉은 왕자

도시 전체가 유네스코 세계문화유산으로 지정된 라오스의 옛 수도 루앙프라방에는 셀 수 없이 많은 사원과 불상이 있다. 메콩강이 흐르는 이 아름다운 도시는 수많은 관광객으로 북적인다. 야시장이 열리는 핫플레이스 왕궁 박물관 근처에도 수백 년 역사의 풍파가 느껴지는 사원들이 있고, 정문 맞은편에 있는 푸시산 정상에도 있다. 그래서 이곳은 현재 라오스의 수도인 비엔티안(라오스어로 '위앙짠')보다 유명하다.

복잡한 시내에서 빠져나와 남칸(Namkan) 강변을 따라 걷다 보면 덜컹덜컹 요란스레 기차가 지나가는 철교가 보인다. 프랑스는 식민 통치 시절 베트남과 라오스 간 교통과 무역을 원활히 하려고 도로와 교량과 같은 기반 시설을 건설했고 이 철교도 1920년대 프랑스가 시행한 라오스 근대화 정책의 결과로 만들어졌다. 루앙프라방은 14세기부터 18세기까지 화려한 문화와 전통을 자랑하며 번성했던 란상 제국의 수도이자 종교적 중심지였다. 굴곡진 역사가 곳곳에 스며든 길을 따라 걷다 보면 수파누웡 왕자 공원이 나온다.

루앙프라방 왕자, 레닌주의와 만나다

루앙프라방 왕족이자 라오인민민주공화국의 초대 대통령이었던 수파누웡은 '붉은 왕자(red prince)'라는 별명으로 더 널리 알려져 있다. 1950년 라오스 공산주의 운동의 핵심축이었던 정치 조직 '빠텟 라오'를 만들고, 이들이 결국 1975년 라오인민민주공화국의 탄생을 이끌었기 때문이다. 비유컨대 '라오스의 호찌민'이라고도 할 수 있겠다. 호찌민은 왕족 출신이 아니지만 유교학자의 자손이었고, 프랑스에 머물던 젊은 시절 사회주의와 레닌주의를 접했다. 식민 통치하에 고통받는 사람들을 위해 싸우고자 공산주의를 선택했다는 점이 수파누웡과 닮았다.

라오스 루앙프라방 왕족이던 수파누웡은 프랑스 혁명 정신인 자유, 평등, 박애 정신을 온몸으로 끌어안으며 라오스 사람들도 똑같은 권리를 누릴 수 있기를 바라는 마음으로 사회주의 혁명의 길을 선택했다. 그는 라오스의 완전한 독립을 위한 투쟁

1974년 5월 비엔티안 공항에서 수파누웡. 위키미디어 코먼스 갈무리.

을 이어나갔고, 결국 1975년 탄생한 라오인민민주공화국의 초
대 대통령이 된다.

　프랑스의 동남아시아 식민지였던 프랑스령 인도차이나는 크
게 다섯 지역으로 구성되었다. 1862년 베트남 남부 지역 코친
차이나에 대한 직접 통치를 선언한 이후 프랑스는 베트남의 북
부 지역이었던 통킹과 중부 지역 안남, 그리고 캄보디아(1863
년)와 라오스(1893년)를 식민지 보호령으로 지정했다. 보호령
(Protectorate)이란 자치권은 인정하나 외교와 국방을 본국이 소유
하는 식민 지배 방식이다. 당시 라오스는 여러 왕조가 나누어
지배하고 있었는데, 아이러니하게도 이런 라오스를 하나로 통

　　　　　　　　　　　　　　　　　　　인물로 읽는 동남아

합시킨 계기가 바로 프랑스의 식민 지배였다. 1893년 프랑스는 라오스의 수도를 비엔티안으로 정한다. 북부 지역의 루앙프라 방 왕실과 남부 지역의 짬빠삭 왕실의 자치권은 그대로 둔 상태 였다. 루앙프라방은 프랑스에 호의적이던 엘리트들이 지배하 며 허울뿐인 자치국으로 간신히 명목을 이어가고 있었다. 그리 고 1909년 수파누웡 왕자가 태어났다.

수파누웡은 당시 루앙프라방 왕실의 적통이자 이복형제인 수완나푸마 왕자와 펫사랏 왕자와 달리 어머니가 서민 출신 후 궁이었다. 그래서 어릴 때부터 귀족들과 어울리기보다는 소외 당하는 사람에 대한 관심이 컸다고 한다. 수파누웡이 하노이에 있는 프랑스 학교에서 교육받고 파리에서 토목공학을 공부할 수 있었던 데는 펫사랏 왕자의 역할이 컸다. 프랑스 식민 통치 하에서 공학 기술을 공부한 단 3명의 라오스인이 바로 수완나 푸마, 펫사랏, 그리고 수파누웡 왕자였다. 수파누웡이 유학 생 활을 하던 1930년대는 세계 공황의 여파로 전체주의와 사회주 의가 빠르게 확산하던 시기다. 1930년에 인도차이나공산당을 세운 호찌민이 레닌주의를 처음 접한 곳이 프랑스 파리였다는 점을 생각한다면, 수파누웡의 독립과 근대화에 대한 열망 역시 이 시기에 형성되었을 가능성이 높다.

1937년 졸업 후에 돌아온 사이공(지금의 호찌민시)은 혁명의 열 기로 가득 차 있었다. 프랑스 식민 정부는 고향으로 바로 돌아 가려던 수파누웡을 코친차이나 중부 지역의 도로와 철도 공사

담당관으로 지명해 냐짱(Nha Trang)으로 보낸다. 이곳에서 수파
누웡은 자기가 묵고 있던 호텔 주인의 딸과 결혼한다. 화교의
후손이던 그녀는 훗날 적극적으로 라오스의 독립운동에 뛰어
든 것으로 유명하다. 수파누웡에게 베트남 독립운동 조직이었
던 베트민을 소개한 사람도 아내였다.

베트남에서 일하던 1937~45년 사이 수파누웡은 라오스 왕
자이자 식민 정부의 공무원으로서 프랑스 정부의 대리인인 '상
당관(assimilé, 相當官)' 직책을 받을 수 있었지만 이를 거부한다.
대신 식민 통치의 현실을 직접 보고 체험하면서 독립된 라오스
라는 조국의 미래를 그려나간다.

이 시기 국제 정세는 매우 긴박하게 돌아가고 있었다. 제2차
세계 대전이 발발하고 대동아 공영권 건설이라는 미명하에 일
본이 태평양 전쟁을 일으켰다. 일본은 동남아시아 유럽 식민지
들의 독립을 약속하며 관련 국가들을 전쟁에 끌어들이려고 한
다. 태국의 피분 송크람 총리는 '잃어버린 영토 회복'을 주창하
며 일본과 동맹을 맺고 연합군에 전쟁을 선포한다. 이후 라오스
지역 루앙프라방 왕실의 영토 일부를 태국에 합병시키는데, 이
는 라오스인들의 단결과 통합을 염원하는 민족주의 운동이 확
산하는 계기가 된다.

1945년 4월 8일 일본의 압력에 못 이겨 루앙프라방 왕실의 싯
사왕웡 왕이 프랑스로부터의 독립을 선언했을 때, 수파누웡은
베트남 민족주의 세력, 특히 호찌민이 이끌던 베트민과의 협력

인물로 읽는 동남아

통킹궁에서 호찌민 대통령(가운데)과 전 바오다이 황제(맨 오른쪽)를 만난 수파누웡(1945년). 위키미디어 코먼스 갈무리.

필요성을 절감했다. 1945년 8월 혁명으로 베트남은 일본군과 프랑스 식민 통치를 물리치고 베트남민주공화국을 건설한다. 또한 이는 바오다이 왕의 퇴위로 이어지는데, 이때 수파누웡은 바오다이가 호찌민을 만나러 가는 길에 동행한다. 이 만남을 계기로 수파누웡이 공산주의로 돌아섰다는 주장이 많지만 실제로 수파누웡은 스스로를 공산주의자로 인정한 적이 없다. 그에게 이데올로기는 중요하지 않았다. 민족주의자로서 제국주의와 이에 기생하던 봉건 질서를 철폐하는 것이 우선 과제였다.

1945년 10월, 일본이 떠나자마자 루앙프라방 왕실의 펫사랏 왕자는 친프랑스 세력에 대항하여 라오스 독립운동 단체인 '라오 잇사라(해방 라오스)'를 기반으로 임시 정부를 세우고, 독립군을 조직하고자 수파누웡을 라오스로 불러들인다. 그가 국방부 장관에 임명되자마자 인도차이나 재점령을 위해 돌아온 프랑스 식민주의자와 베트남 민족주의자 간의 전쟁이 발발한다. 당시 수파누웡은 라오스 독립군을 진두지휘하며 수십 년간 식민 통치와 전쟁에 피폐해진 서민의 삶을 마주한다. 이때 만난 사람이 훗날 라오스공산당을 이끌고 라오인민민주공화국을 건설한 까이선 폼위한과 누학 품사완이다.

수파누웡은 계속해서 라오 잇싸라 정부의 영향력을 확장하려 노력했지만, 프랑스에 대항하기에는 역부족이었다. 이에 펫사랏 왕자와 수완나푸마 왕자와 함께 방콕에 망명 정부를 세운다. 그러나 1947년 쿠데타와 함께, 일본에 동조했던 피분 송크람이 라오스 정계에 복귀하고 반공 정책을 강화하기 시작하면서 수파누웡은 수완나푸마와 함께 귀국을 서두른다. 당시 라오스 총리는 친프랑스파이자 왕정파였던 남부 짬빠삭 왕실의 후계자 분움 왕자였다. 프랑스 재식민지화를 완강히 반대한 수파누웡은 친프랑스 엘리트가 지배하던 라오스 정부와 결별한다.

1950년에 친프랑스파와 독립파 간의 분열로 라오 잇사라 정부는 완전히 해체되는데, 바로 이 무렵 수파누웡은 베트남의 베트민과 유사한 라오스 공산주의 조직 '빠텟 라오(라오의 나라)'를 조직하고 베트민과 동맹을 맺는다. 한편 중도파로 알려진 그의 이복동생 수완나푸마 왕자는 분움 왕자의 뒤를 이어 라오스 정부의 총리가 된다. 그렇게 각각 공산주의, 중립주의 그리고 왕정주의를 내세운 세 왕자의 분열은 곧 라오스 내전의 서막이었다.

인물로 읽는 동남아

왕자들의 권력
투쟁과 공산화

인도차이나를 재점령하려던 프랑스와 베트남의 충돌은 1953년 라오스로 무대를 넓힌다. 그리고 전세는 기울기 시작했다. 수파누웡의 빠텟 라오를 주시하던 프랑스는 10월에 서둘러 라오스의 독립을 인정한다. 이듬해인 1954년 5월에는 라오스와 베트남 북부 지역 국경에 있는 디엔비엔푸에서 베트민이 극적인 승리를 이룬다. 결국 프랑스는 베트남을 비롯한 모든 인도차이나령을 포기하고 후퇴한다. 그러나 냉전은 동남아시아 일대를 분단과 혼란 속으로 빠뜨린다.

1955년 남베트남의 대통령으로 선출된 응오딘지엠이 북베트남과의 총선을 거부하면서 남부와 북부의 임시 경계였던 17도선은 분단선이 되었다. 이로써 남베트남과 태국에 친미 정권이 수립되었으나, 미국은 공산주의가 도미노처럼 확산할 것이라는 두려움을 여전히 안고 있었다. 특히 호찌민이 지배한 북베트남과 마오쩌둥이 통치하던 중국과 국경을 맞대고 있는 라오스는 말 그대로 완충 지대로서 '코르크 마개'와도 같은 존재였다.

1955년 3월에 라오 인민당이 설립되었다. 이는 1956년 1월 수파누웡을 수장으로 하는 라오애국전선이라는 전국 조직으로 확장된다. 이듬해 1957년 수완나푸마 총리는 수파누웡이 이끄는 빠텟 라오와 연정할 것임을 공표한다. 당황한 미국은 라오스에서 반공주의 정치 세력이 1958년 5월 총선에서 승리하도록 물심양면으로 지원한다. 이에 친미 왕정파들이 보수 정권을 세우는 데 성공하지만, 1960년 8월 라오스 국군이 쿠데타를 일으키고 중도파인 수완나푸마 왕을 총리직에 복귀시키기에 이른다.

친미 왕정파 세력과 중도파 세력, 그리고 베트남공산당의 지원을 받은 빠텟 라오 간의 충돌이 확산되는 가운데 미국은 중앙정보부(CIA)를 투입해 비밀 작전에 나서는 한편 1954년 스위스 제네바에서 열린 회담을 통해 라오스의 중립국화를 꾀했다. 1962년 6월 수파누웡, 수완나푸마 그리고 분움 왕자는 두 번째 연합 정부를 세우기로 합의하고 수완나푸마가 다시 총리를 맡는다. 부총리 겸 경제기획부 장관이 된 수파누웡은 자신의 전공을 살려 수십 년간의 식민 통치와 약탈로 피폐해진 라오스의 도로 기반 시설 개발에 전념한다. 라오스의 빠텟 라오와 베트남의 공산당은 국민의 지지를 얻으며 승승장구했다. 정보부의 비밀 작전도 중립국화도 이들을 막지 못하게 되자, 결국 미국은 비밀리에 라오스 공습 작전을 시행한다.

미국은 라오스 내전에 가담함으로써 1962년 제네바 합의를 어겼다. 이는 3년 뒤에 벌어질 미국의 대대적인 베트남 파병을 예고한 것이기도 했다. 미국은 북베트남 주요 도시와 '호찌민 트레일'로 알려진 보급로를 집중적으로 폭격하기 시작했다. 이곳은 베트남과 라오스 국경 지역으로 라오스 역시 공습으로 많은 피해를 입었다.

인물로 읽는 동남아

내전 중 빠텟 라오군과 함께한 수파누웡. 위키미디어 코먼스 갈무리.

베트남전으로 수많은 희생자가 생기기 시작한 1960년대 초부터 정전 협정이 체결된 1973년까지 수파누웡은 자신의 이복형제인 수완나푸마와 서신을 주고받았다. 수파누웡은 미국의 공습 책임을 라오스 정부를 이끌던 수완나푸마에게 돌렸고, 수완나푸마는 라오스 중립국화 선언으로 종식될 수 있었던 내전이 지속되는 데 대해 수파누웡에게 책임을 물었다. 이들은 서로를 미 제국주의의 하수인과 베트남 공산주의의 하수인으로 비난했다. 정전 협정은 난항을 겪었으며 그러는 사이 10여 년간 이어진 공습으로 라오스를 전 세계에서 가장 많이 폭격당한 국가로 기록에 남게 했다.

1973년 1월 미국과 북베트남 간 정전 협정이 체결됐다. 그 다음 달 라오스 역시 정전을 선언한다. 정전과 함께 라오스 정부

루마니아 대표단을 맞이하는 수파누웡(1978년). 위키미디어 코먼스 갈무리.

는 빠텟 라오와 세 번째 연정에 성공하지만, 사이공이 북베트남에 함락당한 1975년 말, 빠텟 라오는 연정을 깨고 단독으로 라오인민민주공화국을 세운다. 12월 2일 초대 대통령이자, 인민최고위원회의 수장이 된 수파누웡은 이후 외신과의 인터뷰에서 봉건적 군주제를 철폐하고 공화국을 세움으로써 라오스도 저개발 상태에서 벗어나 사회 진보를 위해 나아갈 수 있게 되었다고 선언했다.

평화 없는 독립,
독립 없는 평화

수파누웡은 라오스의 독립과 혁명을 이끈 지도자였지만, 라오인민혁명당(라오스공산당의 정식 명칭) 내에서의 영향력은 그리 크지 않았다. 빠텟 라오의 지도자이자 2대 대통령이 된 까이썬 폼위한이 실질적인 리더였고 수파누웡은 '간판' 역할이었다는 주장도 있다. 라오스 공산주의의 상징적 인물인 수파누웡의 발목을 잡은 것은 바로 그의 출신이었다. 서민과 노동자의 이익을 대변해야 할 공산당 지도자가 왕족이라면 누가 따르겠는가.

수파누웡이 정말 공산주의자였는지에 대한 논란도 끊이지 않는다. 그럼에도 그가 초대 대통령으로 뽑힌 이유는 라오스 내전 시기에 누린 대중적 인기와 더불어, 비엔티안이라는 당대의 정치적 수도와 루앙프라방이라는 역사적 수도를 연결하는 상징적 인물이었다는 점이 크게 작용했다. 그래서 수파누웡을 기리는 동상이 비엔티안에도, 루앙프라방에도 있다.

그렇다고 해서 모두가 그를 반긴 건 아니다. 비판도 만만치 않다. 앞서 말했듯이, 내전과 미국의 개입 책임을 수완나푸마에 전가함으로써 전쟁을 멈출 시기를 놓쳤고, 이는 수백만 라오스인의 목숨을 앗아갔다. 수파누웡이 1975년 초대 대통령이 되고도 스스로 배신자라고 비난했던 수완나푸마에 어떠한 처벌을 내리지 않았다는 점도 민족주의자라는 정체성을 의심받게 했다. 한편에서는 수완나푸마가 한 비난처럼 수파누웡이 베트남공산당의 하수인 노릇을 하느라, 라오스의 진정한 독립 기회를 놓쳤다고 주장한다.

역사적 인물에 대한 평가는 시대와 상황에 따라 바뀐다. 냉전

루앙프라방 수파누웡 공원에 있는 동상.ⓒ현시내

시기 미국과 서구는 수파누웡을 호찌민처럼 자신들을 위협하
는 공산주의자로 여겼다. 국내에서는 초대 대통령이 되었음에
도 왕족 출신이라는 주홍 글씨가 계속 따라다녔다. 그럼에도 한
가지 바뀌지 않는 사실은, 그가 감옥과 정글을 오가면서도 라오
스의 독립을 위한 싸움을 멈추지 않았다는 것이다. 빠텟 라오를
창시했을 때부터 대통령이 되기까지, 그는 일관되게 라오스의
정치적·경제적 독립을 주장했다. 1974년 한 매체와의 인터뷰
에서 중국과 소련의 경제 원조에는 영향력 확장을 위한 의도가
있음을 항상 경계하고 있다고 했다. 그리고 "평화가 없으면 진
정한 독립이라 할 수 없고, 독립을 이루지 못하면 평화도 존재

인물로 읽는 동남아

할 수 없다. 독립을 이루지 못하면 중립을 유지할 수도 없다"고 덧붙였다. 라오스의 독립 자체가 그의 신념이자 이념이었던 셈이다.

수파누웡 동상이 서 있는 공원은 한적하다. 뜨거운 햇살 아래 부지런히 돌아가는 스프링클러 소리만 들려온다. 공원은 아담했고 동상은 다른 왕들의 것과 비교도 되지 않을 만큼 아담하고 소박했다. 심지어 루앙프라방 왕궁 박물관 실내에 있던 싯사왕웡 동상보다도 작아 보였다. 루앙프라방 시내를 돌아다니다가 우연히 발견한 까이선 폼위한 동상은 황금색 사리탑 모양을 한 화려한 정자 안에 고이 모셔져 있었다. 수파누웡 동상은 햇살도, 열대성 기후의 폭우도 피할 수 없는 상태로 홀로 덩그러니 서 있었다. 그 뒤로 베트남 전쟁 시기 라오스에 폭우처럼 쏟아지던 미군의 포탄 잔해를 전시한 '불발 병기 프로그램 방문객 안내소(UXO Lao Visitors Centre)'가 보인다. 그 모습이 마치 왜 수파누웡이 라오스의 호찌민이 될 수 없었는지 설명하려는 듯하다.

현시내

보응우옌잡(Võ Nguyên Giáp, 1911-2013)

제국을 물리친
베트남의 영원한 장군

　현대 베트남에서 가장 영향력 있던 인물을 꼽자면 호찌민과 보응우옌잡을 들지 않을 수 없다. 보응우옌잡은 호찌민보다 우리에게 덜 알려졌으나 '붉은 나폴레옹'으로 불리며 세계적 명장으로 인정받은 인물이다. 그는 대학에서 법학을 공부했지만 젊을 때부터 병법에 관심이 많아《손자병법》《나폴레옹》을 읽었고, 백과전서에서 각종 병기에 대한 정보를 얻었다고 한다. 이후 그는 '인민의 전쟁, 인민의 군대' 개념을 제시하며 베트남 독립과 통일을 위해 일생을 헌신했으며, 사망 후에는 베트남 국민의 기억 속에 영원한 장군으로 남았다.

　2013년 10월, 102세로 생을 마감한 보응우옌잡의 유해는 고향인 꽝빈성 동허이로 돌아갔다. 동허이는 지도상 베트남 중부의 잘록한 허리쯤에 있는 지역으로, 퐁냐-깨방 동굴 지대와 가깝다. 베트남 중북부 지역이 보통 그렇듯이 풍부한 물산을 자랑하는 곳은 아니다. 어린 시절 그는 동허이 초등학교를 마치고 중부 후에(Hué)에 있는 꾸옥혹(Quốc Học, 國學)에 입학한다. 꾸옥혹은 응오딘카가 1896년 후에에 설립한 5년제 중고등학교 과정으로 베트남 최초의 유럽식 학교에 속한다. 응오딘카는 분단 시기 남부 대통령이던 응오딘지엠의 부친이다. 호찌민, 팜반동, 하후이떱 등 사회주의 혁명가, 응오딘지엠 같은 자유주의 정치인도 젊을 때 이 학교에 다녔다.

프랑스 식민 정부에
도전한 혁명적 민족주의자

보응우엔잡은 1927년 2학년 때 퇴학당하는데, 한 학생의 구명 운동을 했다는 이유 때문이었다. 당시 그 학생은 저명한 민족 운동가였던 판보이쩌우의 사면 요구와 판쩌우쩐(판쭈쩐)의 추모 운동을 주도한 혐의로 퇴학당한 상태였다. 보응우엔잡은 당시 후에에 가택 연금 중이던 판보이쩌우와 국내외 정세에 관해 대화를 나누며 식견을 넓혔다. 20세기 초에 판보이쩌우와 판쩌우쩐은 각기 입헌 군주제와 공화제를 추구한 사상가이며 민족 운동의 양대 산맥이었다.

20세기 초 동아시아는 유럽 국가들의 식민 지배가 한창이었고, 이에 저항하는 운동이 펼쳐졌다. 베트남도 1858년 프랑스의 침공을 받기 시작해 1883년에는 완전히 식민지가 됐다. 이에 베트남 민족 혁명가들은 저항 운동을 전개했다. 처음에는 왕조 체제를 복구하는 데 목표를 두다가, 이후 탈식민 국가로서 공화제를 추구했다. 한편 1917년 러시아에서 공산 혁명이 성공하자 이를 계기로 사회주의 계열 혁명가들이 등장했다. 레닌의 지도 하에 코민테른이 결성돼 전 세계 사회주의 혁명과 민족 해방 운동을 지도하면서 베트남의 사회주의 계열 민족 운동가들도 지원을 받았다.

보응우옌잡은 1928년, 17세 되던 해에 신월혁명당에 입당하는데, 이는 베트남 중북부 응에안, 하띤 지역에 기반을 둔 사회주의 성향 민족 혁명 단체였다. 1920년대 후반은 베트남의 저항 운동이 고조되던 시기였다. 1925년 베트남청년혁명동지회, 1926년 신월혁명당, 1927년 베트남국민당이 결성됐다. 보응우옌잡은 1929년 후에에서 출판사 일을 시작했고, 〈떠엥전(Tiếng Dân, 民聲)〉 신문의 집필진으로 참여했다. 그러다가 1930년 응에띤 소비에트 운동에 연루돼 2년형을 선고받았다. 이는 베트남 중북부 응에안과 하띤 지역에서 사회주의자들이 주도하여 일으킨 혁명 운동이었지만, 얼마 가지 않아 프랑스 식민 당국에 의해 좌절하고 말았다.

1930년에는 옌바이에서 비사회주의 민족 운동가들이 봉기를 일으켰다. 보응우옌잡은 1931년 말에 석방돼 고향 집에 가택

보응우옌잡(1957년). 위키미디어 코먼스 갈무리.

연금됐으나 탈출해 후에로 돌아가 신문사에서 일을 계속했다. 1933~34년 독학으로 대학 입학 자격시험에 통과한 그는 이듬해에 하노이로 가 인도차이나 대학 법학부에 입학 원서를 제출한다. 재능을 알아본 한 교수가 그에게 프랑스 유학을 권유했으나, 그는 베트남에서 공부하기로 결심했다고 한다. 1936~39년 간 보응우옌잡은 법학 공부를 하면서 탕롱 학교에서 프랑스어, 역사, 지리 등을 가르쳤다. 한편 언론 활동에도 나섰는데, 베트남어 신문 〈혼째(Hồn Trẻ, 젊은 혼)〉 등을 발간하여 민생과 민주주의 추구, 정치범 석방 등을 요구했다. 이 시기 그는 언론인으로 활동하며 사회주의 혁명가 쯔엉찐과도 협력했다.

항일 게릴라전과
인도차이나 전쟁

보응우옌잡이 본격적으로 사회주의 혁명가들과 만난 때는 1940년이었다. 그는 중국으로 건너가 호찌민, 팜반동 등을 만난다. 1941년 초 호찌민의 지시로 보응우옌잡, 팜반동 등이 귀국하여 혁명 거점을 건설하고 간부들의 훈련을 조직한다. 중국 국경과 가까운 베트남 북부 산간의 까오방성 빡보(Pác Bó)의 석회암 지대에 은거지를 만들었다. 호찌민의 귀국도 이때 이뤄졌다. 이들은 1941년 5월에 베트남독립동맹, 즉 베트민을 결성했다.

1944년 12월, 보응우옌잡은 호찌민의 지시에 따라 34명의 대원으로 베트남해방군선전대를 창설했다. 그들이 갖춘 무기라곤 고작 권총 2정, 중국제 장총 17정, 머스킷 총 14정뿐이었다. 세계 강국을 물리친 베트남 인민군대는 이렇게 출발했다. 호찌민은 유격전에 관해 저술했고, 보응우옌잡은 중국 장군 주더의 《항일 유격 전쟁》을 초역했다. 초기 베트남군은 군사 활동보다는 정치 활동을 중시했다. 이는 북베트남이 군사보다는 정치로 베트남 전쟁을 마무리하는 배경이 된다.

제2차 세계 대전이 막바지에 접어들 무렵 베트남을 둘러싼 정세는 급변하고 있었다. 연합군의 베트남 진입을 우려한 일본은 1945년 3월 베트남을 직접 통치로 전환했다. 일본은 1940년 베트남 북부를 침공하고 다음 해 전국을 장악한 이래로 행정은

인물로 읽는 동남아

프랑스가 맡지만 실제 권력은 자신들이 행사하는 간접적인 지배 전략을 구사해왔다. 이에 호찌민의 베트민은 항일 게릴라전을 개시하고 1945년 8월에는 베트남해방민족위원회를 설립하고 전국 무장봉기를 결정한다. 마침내 9월 2일 바딘 광장에서 호찌민 주석은 베트남민주공화국의 독립 선언을, 보응우옌잡은 임시 정부의 활동 계획을 낭독했다. 일제의 패망 직후에 이뤄진 베트남의 독립 선포였다.

베트남민주공화국은 임시 혁명 정부를 구성해, 호찌민을 주석 겸 외교부 장관에 임명했다. 보응우옌잡은 내무부 장관을 맡아 내무와 경찰을 관장했다. 호찌민은 보응우옌잡이 국가 건설의 기틀을 잡아주기를 기대했다. 그러나 상황은 녹록지 않았다. 일본의 패망으로 기회를 엿보던 프랑스가 베트남 재식민화를 획책했다. 결국 1946년 12월에 두 나라 간 전쟁, 즉 제1차 인도차이나 전쟁이 벌어진다. 1946년 12월 19일 저녁 8시, 하노이 시내의 모든 전등이 꺼지고, 주변의 포대에서 대포가 발사되기 시작했다. 이후 60일간 전투는 계속됐다.

막강한 프랑스의 군사력에 밀린 베트민은 하노이를 내줄 수밖에 없었다. 그러나 1947년 10월 비엣박(Việt Bắc)에서 75일간 이어진 치열한 전투에서 베트민은 승리를 거둔다. 이후 보응우옌잡은 정규군에 게릴라 유격전을 지시하는 한편 민병을 조직했는데 그 수는 1949년에 약 100만 명에 이르렀다. 보응우옌잡은 1949년부터 강력한 주력 부대 건설을 추진했다. 이듬해 대장

보응우옌잡(왼쪽)과 호찌민. 위키미디어 코먼스 갈무리.

으로 승진한 그는 국경 지대 전투를 확대했다. 이후 베트남군은 쩐흥다오 작전, 꽝쭝 작전, 떠이박 작전 등을 통해 하노이 서북부 지역에서 세력을 넓혀갔다.

베트남군은 베트남 북부 및 중부, 라오스 등 5개 지역에서 프랑스군을 공격했다. 이에 프랑스는 1953년 5월 앙리 나바르를 베트남 사령관으로 파견했다. 앙리 나바르는 18개월 내에 패배를 승리로 변화시킨다고 장담했다. 베트민 주력군이 베트남 북서 지역에 집결한다는 정보를 듣고는 프랑스군을 디엔비엔푸에 집결시켜 베트민 격파 작전을 세웠다. 디엔비엔푸는 북서부 산간 지대의 밀림으로 둘러싸인 분지였다. 나바르 장군은 이곳에 지은 요새를 난공불락으로 평가했는데 여기에는 미국의 지원도 한몫했다.

베트남공산당 정치국은 1953년 12월 보응우옌잡을 사령관으

인물로 읽는 동남아

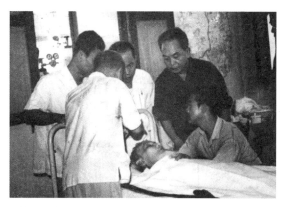
호찌민의 병상에 들른 보응우옌잡(검은 옷 입은 이). 위키미디어 코먼스 갈무리.

로 한 디엔비엔푸 작전을 승인했다. 베트남의 군사력은 프랑스
와 비교도 안 될 정도로 약했다. 그러나 베트남 인민들은 대포
를 산으로 끌고 올라가고 자전거로 군수 물자를 실어 나르는 등
그야말로 간난신고 끝에 1954년 5월 디엔비엔푸에서 승리를 거
둘 수 있었다. 전 인민들이 합심하여 분투하여 만든 결과였다.
디엔비엔푸 전투는 '인민의 전쟁'이었다.

분단과 통일의
역사를 함께하다

애석하게도 베트남의 승리는 독립과 통일로 이어지지 못했
다. 전쟁 관련국들은 1954년 7월 제네바에서 베트남의 분단 안

에 서명했다. 베트남국(훗날의 베트남공화국)과 미국은 공산화를 우려하여 통일 국가 수립에 반대했다. 그 결과 베트남 북부는 베트남민주공화국이, 남부는 베트남국이 통치하게 됐다. 이로써 베트남은 두 세력이 대치하는 형국이 되고 말았다.

분단 후 보응우옌잡은 북베트남의 부총리 겸 국방부 장관을 맡았다. 그의 과제는 북부 방위와 통일을 위한 근대적 군대를 만드는 것이었다. 한편 높아지던 남과 북의 긴장 관계는 결국 전쟁으로 이어지고 말았다. 바로 제2차 인도차이나 전쟁, 곧 베트남 전쟁이다. 이 전쟁은 통일을 위한 내전이자 외국이 개입한 국제전의 성격을 띠고 있었다. 미국은 이전부터 베트남에 군사 고문단을 보내고 군수 지원을 하며 개입해왔다.

일반적으로 알려진 전쟁의 전환점은 1964년 8월 2일 발생한 통킹만(Tonkin Gulf) 사건이다. 그해 7월부터 미국은 베트남 북부 통킹만에 구축함을 보내 정보를 수집해왔다. 이를 눈치챈 북베트남이 공격을 가했고, 구축함은 즉시 보복 공격을 가했다. 이후 미군은 북베트남 측의 2차 공격이 있었다고 미 정부에 보고했으나, 나중에 이는 허위임이 밝혀졌다. 미국의 존슨 대통령은 이 사건을 계기로 군사적 개입을 지시했으며 대규모 지상군을 파병한다. 그즈음에 북베트남도 전투병을 남부로 파견했으며 이후 전쟁은 격화됐다.

1968년 1월 31일 남부에 있던 공산 세력은 총봉기하여 '구정(舊正) 공세'를 일으켰다. 이 공격은 남부 정권과 그 지원국뿐만 아니라 자신들에게도 큰 피해를 남겼다. 이후 미국은 북베트남과 협상을 개시하면서 베트남전의 '베트남화(Vietnamization)' 정책을 펼친다. 즉 자신들은 발을 빼는 대신 전쟁 책임을 온전히 남베트남 정부에 맡기려는 심산이었다. 협상은 오래 걸렸고 1973년 1월에야 파리 협정으로 귀결됐다. 이로써 베트남 지역의 모든 외국 군대는 철수하게 되고 1975년 4월, 북베트남은 무력으로 통일을 이룬다.

이 과정에는 정치적 노선에 따른 갈등도 있었다. 온건파는 정치 투쟁과 무력 투쟁을 병행하여 통일을 이루자는 쪽이었고 강경파는 무력 투쟁으로 조속히 통일을 이루고자 했다. 특히 남부에서 혁명 활동을 지도하던 레주언이 1958년 말 하노이에서 실권을 잡으면서 무력 투쟁론이 우세해졌다. 1959년 공산당 중앙위원회는 정치 투쟁과 함께 무력 투쟁을 통일의 주요 방식으로 채택했는데 이는 훗날 열전의 배경이 된다.

베트남의 혁명가들이 통일을 위해 협력했으나 공산당 내 권력 투쟁은 피하지 못했다. 1969년 호찌민 생전에 베트남의 최고위 지도부는 대체로 호찌민 주석, 레주언 제1비서, 쯔엉찐 국가주석, 팜반동 총리, 보응우옌잡 국방부 장관의 구도를 이루고 있었다. 그러나 공산당 내 권력 투쟁은 1982년 제5차 공산당 대회에서 보응우옌잡을 정치국 위원에서 탈락시키는 이변을 낳았다. 1986년 7월에 레주언이 사망하자 그해 12월에 열릴 제6차 공산당 대회에 앞서 쯔엉찐, 팜반동, 레득토 등 공산당 원로들은 물러나기로 합의했다. 이로써 제1세대 정치 지도자들은 모두 정치 무대 일선에서 물러났고, 베트남의 정치는 후세대에게 맡겨졌다.

이한우

샤나나 구스마오(Xanana Gusmão, 1946-)
21세기 첫 독립 국가의
초대 대통령

누구에게나 처음은 있고 처음을 맞이하는 순간은 설렘을 동반한다. 국가의 시작도 그렇다. 주권·영토·국민으로 구성된 한 나라의 출발은 환희의 순간일 것이다. 그럼에도 이면은 있다. 복잡한 정치적 과정에서 사람들은 설렘과 함께 두려움을 느낀다. 여기 소개할 동티모르의 역사가 그랬다.

아시아와 오세아니아의 경계에 위치한 티모르섬 동쪽 지역은 400여 년간 포르투갈 식민 지배를 받았다. 이후 인도네시아로부터 25년간은 무력 통치의 피해를 입었다. 풍부한 산림 자원, 상당한 양의 석유 자원 그리고 동남아시아와 오세아니아 지역의 지리적 요충지라는 장점이 도리어 비극적인 역사의 배경이 된 셈이다.

훗날 티모르-레스테(Timor-Leste)라는 이름의 21세기 첫 독립 국가가 된 동티모르는 오랜 시간 외세의 침략에 시달렸다. 2차 세계 대전 이후 식민지에서 벗어나 민족 국가를 건설한 다른 여러 나라들과 달리, 그들은 여전히 포르투갈 지배하에 있었다. 티모르섬이 유럽 국가의 관심 지역이 된 것은 15세기 초반으로 거슬러 올라간다. 당시 유럽은 지중해를 통해 동방과 향신료 등의 물품을 교역하고 있었다. 그러다 지금의 튀르키에 지역을 중심으로 한 오스만튀르크 제국이 세력을 확장하자 이를 피해 새로운 무역로를 개척해야 했다.

포르투갈 카네이션 혁명과
동티모르의 독립

그 시작은 유럽 대륙의 서쪽, 그중에서도 대서양과 마주한 이베리아반도의 작은 나라 포르투갈이었다. 인도 항로를 개척한 포르투갈은 인도 서부의 항구 도시 고아(Goa)와 캘리컷(Calicut, 지금의 코지코드)을 정복하여 후추 무역을 장악했고, 이후 동쪽으로 이동하여 현재의 인도네시아 지역을 점령함으로써 육두구, 정향, 백단향 등의 향신료 무역을 독점했다. 그러나 이후 포르투갈은 새롭게 등장한 강자 네덜란드에 주도권을 빼앗긴다. 이후 동인도회사를 앞세운 네덜란드는 인도네시아, 특히 말루쿠 제도의 암본과 자바섬의 바타비아(지금의 자카르타)를 장악한다.

인물로 읽는 동남아

포르투갈에 남은 지역은 안식향, 유향과 함께 역병을 물리치는 용도로 활용된 백단향의 주생산지인 티모르섬이었다. 그러나 이마저도 제한적이어서 인도네시아 전역을 지배한 네덜란드의 지속적인 압력에 시달려야 했다. 결국 1849년 티모르섬 서쪽 지역은 네덜란드에 빼앗기고, 포르투갈은 딜리(Dili)를 중심으로 섬의 동쪽 지역을 무역 거점으로 활용했다. 동티모르는 2차 세계 대전 시기 잠시 일본이 점령하다가 종전 후 다시 포르투갈의 지배하에 들어간다.

동티모르에서 재배되는 커피는 주요 수출품 중 하나로 포르투갈로서는 놓치기 아까운 식민지였다. 한편, 네덜란드와의 독립 전쟁을 끝낸 인도네시아는 서티모르 지역을 자국 영토로 편입하고 남은 땅인 동티모르마저 노렸다. 군사적·행정적 지원을 통해 반포르투갈 폭동을 유발하거나 식민 지배의 부당성을 알리는 외교 활동을 지속했다.

1970년대에 들어서면 포르투갈 본국은 정치적 소용돌이에 휘말리게 된다. 1974년 4월, 40년 독재 정권을 끝내려는 좌파 성향 장교들 중심의 쿠데타와 시민 저항 운동이 결합된, 소위 '카네이션 혁명(Revolução dos Cravos)'이 일어난다. 이를 계기로 포르투갈은 민주주의 사회로 전환하면서, 식민지 지배에 대한 근본적인 문제 의식을 갖게 된다. 아프리카의 식민 국가들이 포르투갈 지배에 대항해 독립 전쟁을 일으켰고, 여기에 포르투갈 전체 예산의 40%를 투입해야 했기에 국가 경제에도 치명적이었다.

결국 포르투갈은 아프리카 4개국에서 철수할 수밖에 없었다.

동티모르 역시 포르투갈 신정부의 정책에 따라 독립을 위한 주민 투표 실시, 과도 정부 구성, 독립 정부 출범이 예정되어 있었다. 일정에 따라 주민 투표가 실시되었고 '동티모르독립혁명전선(FRETILIN, 이하 혁명전선)' '동티모르민주민중연합(APODETI, 이하 민중연합)' '동티모르민주연합(UDT: 이하 민주연합)'이 선거에 참여했다. 이후 민주연합과 혁명전선의 연합 정부가 출범했으나 민주연합이 쿠데타를 일으킴으로써 순조롭게 진행될 것 같았던 독립 여정은 위기에 처한다. 우여곡절 끝에 혁명전선이 정권을 차지하지만, 그 과정에서 수천 명의 사상자가 발생하는 비극을 맞는다.

인도네시아의 개입에 맞서
저항군을 조직하다

사회 민주주의를 지향하는 좌파 정당인 혁명전선이 첫 정부를 세웠지만, 동티모르를 차지하려는 인도네시아의 야욕은 점점 더 커져갔다. 인도네시아는 동티모르 정보를 수집하고 친인도네시아 세력을 구축하는 첩보 작전인 '코모도 작전(Operasi Komodo)'을 실행했다. 그 결과 '부미 로로새(Bumi Lorosae)'라는 별칭으로 불린 지역 주민들은 완전한 독립과 인도네시아와 통

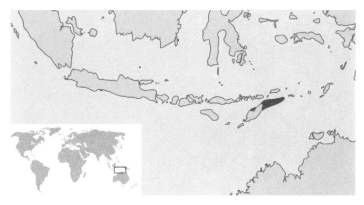

티모르섬과 동티모르 지역(짙게 표시된 영역). 위키미디어 코먼스 갈무리.

합 사이에서 분열했다.

그리고 마침내 1975년 12월 7일 인도네시아는 '세로자 작전(Operasi Seroja)'으로 명명된 군사 작전을 개시한다. 동티모르가 독립을 선포한 지 겨우 열흘 만에 벌어진 전쟁이었다. 혁명전선이 이끈 동티모르 저항군이 분전했으나, 동티모르는 이듬해 7월 17일 인도네시아의 27번째의 주로 편입됐다. 혁명전선은 자체 군사 조직인 '팔린틸(Falintil)'을 조직하여 저항을 계속했다. 그러나 병력과 무기 면에서 열세였다. 총사령관인 니콜라우 로바토(Nicolau Lobato)는 1978년 12월 31일 전투 중 사살되고 만다. 간헐적인 게릴라전을 계속하던 저항군은 1980년 5월 카이 랄라 샤나나 구스마오(Kay Rala Xanana Gusmão, 규범 표기는 '구스망')를 새로운 해방군 사령관으로 임명하고 재기를 모색한다. 그는 혁명전선의 정치 위원인 아벨 라리시나(Abel Larisina) 캠프의 보좌관

동티모르 저항군 지도자였던 로바토의 연설 장면. 위키미디어 코먼스 갈무리.

으로 저항군 활동을 시작한 인물이었다.

전면에 등장한 구스마오가 우선 처리해야 할 일은 와해된 조직을 재정비하는 일이었다. 그는 새로운 부대를 창설하고 비밀 조직을 결성하는 한편 혁명전선과 민주연합의 협력을 지속적으로 시도했다. 그 결실로 1988년 12월 구성된 '마우베레 저항위원회(Conselho Nacional da Resistência Maubere)'는 1998년 민주연합의 요구를 수용해 '티모르 저항위원회(Conselho Nacional de Resistência Timorense)'로 이름을 바꾸었다. 이는 동티모르 독립 세력 간 통합을 상징하는 사건이었다.

구스마오는 그에 앞서 1992년 11월, 인도네시아에 의해 구속 수감된 상태였다. 해방군은 훗날 동티모르의 제3대 대통령인 타우르 마탄 루악(Taur Matan Ruak)이 사령관 역할을 했다. 하지만 인도네시아 군대 그리고 독립을 반대하는 민병대 세력에 비해 수적으로나 무기 성능과 화력에서 열세를 면치 못했다.

게릴라전만으로는 한계가 있다고 판단한 해방군은 외교 활동에 주력했다. 특히 동티모르의 제2대, 제5대 대통령이자 1996년 노벨 평화상 수상자인 호세 라모스 호르타(José Ramos-Horta, 이하 호르타)의 외교적 활동이 돋보였다. 혁명전선의 대변인 역할을 했던 그는 유엔 주재 혁명전선의 상임대표로 활동하면서 동티모르의 인권 문제를 세계에 알렸다. 그는 평화와 화해를 추구한 공로를 인정받아 동티모르의 가톨릭 주교인 시메네스 벨로(Ximenes Belo)와 함께 1996년 12월 10일 노벨 평화상을 수상했다.

인도네시아의 잔혹한 무력 통치와 인권 유린이 지속되면서 동티모르 문제는 세계적인 관심사가 되었다. 그러던 중 1997년과 1998년에 발생한 경제 위기 상황에서 철권 통치와 독재 정치를 일삼은 수하르토 대통령이 하야하는 사건이 발생하고 이는 동티모르 독립의 변곡점이 된다. 동티모르의 독립을 요구하는 내부의 목소리와 국제적인 압력은 더욱 거세졌다. 결국 1999년 2월 7일 유엔 파견단의 감시하에 선거를 통한 독립 정부 수립을 골자로 하는 '뉴욕 협약'이 체결되었다. 같은 해 8월 30일 역사적인 선거가 실시되었고 동티모르 주민 98.6%가 투표에 참여하여 78.5%의 찬성으로 독립이 결정된다. 21세기 최초의 독립 국가가 탄생한 역사적 순간이다.

광주인권상
초대 수상자의 독립 투쟁기

베트남 전쟁은 대한민국 국군이 최초로 해외로 파병된 사례였다. 이후 국군은 이라크, 필리핀, 서사하라, 사우디아라비아 등지에서 유엔의 국제 평화 유지 노력에 동참했다. 역사적으로 동티모르도 한국군과 인연이 깊다. 제522평화유지단(이하 상록수부대)은 1999년 9월 창설되었으며 같은 해 10월 28일부터 2003년 10월 23일까지 동티모르 국제군의 일원으로 활동했다. 베트남 전쟁 이후 처음으로 있은 전투 부대 파병이었다. 그전에는 의료·건설 지원이 주된 임무였다.

한국과 동티모르의 만남에서 빼놓을 수 없는 인물이 바로 혁명전선 팔린틸 사령관 구스마오다. 그는 '광주인권상'의 초대 수상자였다. 2000년 광주 5·18 기념재단이 만든 이 상은 해마다 인권과 통일, 인류의 평화를 위해 지대한 공헌을 한 인사 또는 단체에 수여된다. 이듬해인 2001년 5월 25일 구스마오는 직접 상록수부대를 방문하여 한국의 파병 그리고 치안 유지와 전후 복구 활동에 대해 깊은 감사를 전달했다.

전설적인 독립운동가, 초대 대통령 그리고 총리를 역임한 구스마오는 1946년 6월 20일 동티모르의 북쪽 해안 도시 마나투로(Manatuto)에서 태어났다. 부모님은 포르투갈-동티모르 출신의 다문화 가정에서 자랐고, 아버지는 학교 선생님이었다. 구스마오는 수도 딜리의 외곽에 있는 예수회 소속 파티마의 성모 (Nossa Senhora de Fátima) 고등학교에 다니다가 경제적 이유로 그만두고 야간 학교에서 학업을 지속했다. 그의 별명인 '샤나나 (Xanana)'는 미국의 유명 로큰롤 밴드 이름인 '샤나나(Sha Na Na)' 에서 따온 것으로 알려져 있다.

구스마오에게 학업은 중요한 문제였다. 가정 형편으로 중단 했다가 공무원으로 취업한 1966년에 다시 학업을 이어갔다. 그러나 1968년 포르투갈 육군에 징집되고 3년 후 군 복무를 마친 그는 호르타가 이끌던 민족주의 성향의 단체에 참여한다. 1974 년부터는 신문사에서 일했다. 그가 있던 〈동티모르의 소리(A voz de Timor)〉는 포르투갈 식민지 시절의 마지막 종합 신문으로 1959년부터 동티모르 내전이 발생한 1975년까지 발행되었다.

포르투갈의 카네이션 혁명 이후 동티모르 독립 열기가 고조 되자, 당시 주지사이던 레모스 피레스(Mário Lemos Pires)는 1978 년 독립을 목표로 한 계획을 제시했다. 한편 구스마오는 혁명 전선의 전신인 티모르 사회민주연합(Associação Social-Democrata Timorense, ASDP)에 합류했다. 그러나 정보부 간부로, 언론인이자 사진가로 활동한 구스마오는 상대 당인 민주연합의 탄압으로 투옥됐다. 1975년 말 구스마오는 감옥에서 풀려나고, 같은 해 11월 28일 '동티모르민주공화국'이 선포됐다. 그리고 해방과 함께 비극이 찾아왔다.

12월 7일 이른 아침 인도네시아 해군 함포의 공격이 시작되었다. 구스마오는 딜리 외곽 친구 집에 머물면서 그 광경을 지켜봤고 며칠 동안 가족을 찾아 헤맸다. 이후 혁명전선의 군사 조직 팔린틸의 일원으로 활동하면서 미약한 저항군 수준을 끌어올리는 데 집중했다. 게릴라 투쟁이 한창이던 1981년 3월 구스마오는 총사령관직에 오른다. 그는 인도네시아와 협상하여 5개월간 휴전을 이끌어내는 등 평화 유지 노력을 소홀히 하지 않았다. 이는 구스마오의 당파를 떠나 평화를 추구하는 그의 성품과도 관련이 깊다.

구스마오는 과거 자신이 담당했던 공보 기능을 강화하여 1991년 산타크루즈 공동묘지에서 발생한 '딜리 학살 사건(massacre in Dili)'을 전 세계에 알린다. 인도네시아 군부의 무차별 발포로 수백 명의 민간인이 사망한 이 사건에 사람들은 큰 충격을 받는다. 동티모르의 인권 문제가 국제적인 관심사로 떠올랐고 이 과정에서 구스마오는 주요 언론과 활발히 인터뷰를 진행한다. 이는 구스마오가 동티모르를 대표하는 인물로 세계인의 머릿속에 각인되는 계기가 된다.

국제적인 명성을 얻은 구스마오는 인도네시아 정부의 표적이 되었고 결국 1992년 11월 딜리에서 체포된다. 이듬해인 1993년 5월 종신형을 선고받고 이후 20년형으로 감형된 채 정치범 수용소인 치피낭(Cipinang) 교도소에 수감된다. 그곳에서 구스마오는 인도네시아어, 영어, 법률을 공부하면서 한편으로는 저항군의 조직화와 전략 수립에 전념한다. 또한 젊은 시절부터 재

인물로 읽는 동남아

2002년 동티모르 대통령 자격으로 미국을 방문한 구스마오. 위키미디어 코먼스 갈무리.

능을 보였던 그림 그리기와 시 쓰기를 했는데 그의 작품은 저항군의 자금원이 되기도 했다.

구스마오 석방을 요구하는 국제 사회의 압력이 이어졌다. 미국, 오스트레일리아, 일본은 국무장관과 외무장관을 통해 석방을 요구했다. 1997년 7월 당시 남아프리카공화국 대통령이던 넬슨 만델라는 직접 인도네시아를 방문해 당시 지도자였던 수하르토에게 구스마오 면담과 석방을 요구했다. 결국 1999년 2월 10일 구스마오는 감옥에서 나와 자카르타 살렘바(Salemba)에서 가택 연금에 처하게 된다.

대한민국과
동티모르의 특별한 만남

동티모르 주민들은 국민투표를 통해 독립을 원한다는 사실을 분명히 했지만, 인도네시아 정부, 특히 군부는 이를 인정하지 않았다. 이에 동티모르는 이전에는 경험하지 못했던 혼란에 빠지게 된다. 인도네시아 군부의 지원을 받은 민병대는 독립이 아닌 자치를 주장했다. 투표 결과가 나오자 그들은 잔학 행위와 대량 학살을 서슴지 않았다. 그중에서도 리키샤 교회(Liquiçá church)와 수아이 교회(Suai church)에서 벌어진 사건은 인도네시아 군인과 민병대에 의해 자행된 대학살의 대표적인 사례다.

동티모르 정세가 악화되자 유엔이 개입했다. 오스트레일리아를 포함해 14개 나라로 구성된 다국적군이 국제평화유지군으로 파병되었다. 결국 국제적 압력을 견디지 못한 인도네시아가 1999년 9월 27일 완전히 철수하면서 동티모르는 독립과 민주 국가 건설의 첫걸음을 내디디게 되었다. 구스마오는 2000년 8월 제1차 티모르저항위원회 전국 대회에서 의장으로 선출되었고, 이후 동티모르 과도 행정부의 전국평의회 의장을 맡으면서 대내외적으로 동티모르의 지도자로 인정받았다.

총원 88명의 제헌 의회가 2001년 9월 15일 출범했고 이듬해인 2022년 4월 14일 초대 대통령 선거가 실시되었다. 혁명전선을 제외한 9개 정당의 지지를 받은 구스마오는 무소속으로 출마하여 82.7%의 지지를 통해 당선되었다. 유엔과도행정기구(United Nations Transitional Administration in East Timor, UNTAET)가 설치된 1999년 10월 25일부터 대략 2년 8개월이 지난 2002년 5월 20일 구스마오 대통령-마리 알카티리(Mari Alkatiri) 총리 체제의 민주공화국이 수립되었다. 나라 이름은 포르투갈어 표기인 티모르-레스테(Timor-Leste)로 바꾸었다.

새로운 민주공화국이 정식으로 출범했지만 분쟁의 씨앗은 남아 있었다. 인도네시아와의 분쟁 예방, 민병대원 체포 그리고 선거 관리 등이 급선무였다. 자체 치안 능력 부재도 문제였다. 이에 2000년부터 유엔 평화유지군이 주둔했고 한국의 상록수부대도 일원이 되었다. 한국군은 동부 지역 사령부에 소속되어 딜리에서 동쪽으로 182km 떨어진 라우템(Lautem) 지역에 주둔했다. 6개월 단위로 총 8차례 파병 부대가 교체되었는데, 활동지도 26개월 후에는 서티모르의 암베노(Ambeno) 지역으로 옮겼다. 치안 유지, 난민 복귀 지원, 현지인 고용, 도로 및 교량 보수, 의료 지원, 태권도 교육 등이 현지에서 상록수부대가 펼친 활동이었다.

현지 주민들은 한국군을 '다국적군의 왕'이라는 의미인 '말라이 무틴'으로 불렀다. 그만큼 현지인들로부터 좋은 평가를 받았다는 뜻이다. 그러나 희생이 없지는 않아서, 2003년 3월 6일 민병조 중령, 박진구 중령, 백종훈 병장, 김정중 병장, 최희 병장이 급류로 휩쓸려 목숨을 잃었다. 이들의 뜻을 기리기 위해

상록수부대 장병을 기리는 추모비 제막식. © 동티모르 한국대사관

오에쿠시(Oecusse)주의 에카트강 인근에 순직 장병 추모 공원과 추모비가 세워졌고, 2022년 순직 장병에게 훈장이 서훈되었다. 이들의 헌신은 티모르-레스테 안정에 크게 이바지했으며, 양국이 국제 사회에서 견고한 우방 관계를 맺는 데 밑거름이 되었다.

위대한 독립운동가에서
정치인으로

광주 5·18 기념재단은 광주인권상 초대 수상자로 구스마오를 선정하면서 그 이유로 동티모르 혁명전선을 조직하여 대규모 무장 독립 투쟁을 전개했고, 독립 과정에서 국제 사회의 지원과 관심을 구했으며 민주주의와 인권 회복을 위해 노력했다는 점 등을 꼽았다.

위대한 독립운동가였던 구스마오는 국제적 명성이 컸던 만큼 많은 인권상을 받았다. 유럽 의회가 수여한 사하로프상(Sakharov Prize), 시드니 평화상(Sydney Peace Prize), 유럽평의회 인권상(North-South Prize), 유네스코의 펠릭스 우푸에부아니 평화상(Félix Houphouët-Boigny Peace Prize) 등이 대표적이다. 그러나 대통령 당선 이후의 정치적 행보에 대해서는 여러 비판이 있었다.

초대 대통령으로 5년의 재임 기간을 끝낸 그는 2007년 '티모르-레스테 재건을 위한 국민회의(CNRT)'를 창당하고 의회 선거에 출마하여 당선되었다. 그가 이끄는 당은 혁명전선에 이어 원내 2당이 되었고 결국 다른 정당과의 연합을 통해 총리로 추대되었다. 이후로 8년간 총리직을 수행하다가 2015년에 물러났다. 그러나 여기가 끝은 아니었다. 계속해서 CNRT를 이끌면서 선거에 나가서 당선되었다가, 장관에 임명되었다가 사임하기를 반복했다. 제5대 대통령 선거에서 호르타를 CNRT 후보로 출마시켰고, 선거 캠페인을 주도하면서 그의 당선을 이끌었다. 국내 정치에서 막강한 영향력을 발휘하면서, 대통령의 의회 해산을 종용하거나 최고사법재판소 판사에 대해 공개적으로 명예를 훼손하는 등 삼권 분립을 무시하거나 희화화시킨다는 비판에 직면하기도 했다.

정치인으로 구스마오의 인기는 여전하다. 그가 이끄는

CNRT는 2023년 5월 21일 총선에서 41.63%의 득표율로 승리해 전체 65석 중 과반에 2석 부족한 31석을 차지했다. 이후 연립 정부를 구성해서 2023년 6월 1일 총리직에 취임했다. 초대 대통령으로 5년, 이후 총리로 8년을 보낸 후 또다시 77세의 나이로 총리직에 올랐다. 그러나 티모르-레스테 국민들의 삶은 여전히 고통받고 있다. 민주 공화국이 수립된 지 20년이 지났지만 전 인구의 42%가 빈곤 단계에 머물러 있는 최빈국 상태를 벗어나지 못하고 있고 사회 기반 시설 역시 미비한 수준이다. 여러 차례 최고 지도자 위치에 있었던 구스마오로서는 열악한 경제 상황에 책임이 적지 않다.

구스마오는 그동안 인도네시아로부터 완전한 독립을 이루고 나면 시인이나 사진작가로 살겠다고 공공연하게 밝혔다. 그럼에도 여전히 정치를 놓지 않고 있다. 합법적으로 선출되었다고는 하지만, 대중에게 책임을 돌리면서 권위주의적 통치를 계속하고 있는 것은 아닌가 하는 의심이 든다. 티모르-레스테 국민들은 2023년 다시 한번 그에게 국가의 중대사를 결정하는 자리를 안겨주었다. 그 역시 취임사에서 전략적 개발 계획을 통한 빈곤 감축을 최우선 과제로 제시했다.

예술가와 정치인의 갈림길에서 정치의 길을 선택한 구스마오였다. 티모르-레스테 국민들은 절대적인 지지를 통해 그를 정치의 전면에 등장시켰다. 구스마오와 국민의 선택이 인구 150만 명의 신생 독립국 운명을 어떻게 변화시킬지 그리고 향

2024년 1월 26일 인도네시아를 공식 방문한 샤나나 구스마오 총리. 오른쪽은 조코 위도도 인도네시아 대통령. 인도네시아 대통령 비서실 언론미디어정보국 사진.

후 어떤 평가를 받을지 자못 궁금하다.

※ 티모르-레스테에서 순직한 5명의 장병 중 백종훈 병장은 급류에 떠내려간 3명의 동료를 구하기 위해 죽음을 무릅쓰고 강물에 뛰어들었다. 모든 분의 순직이 애통하지만 그중에서도 백종훈 병장의 죽음은 개인적으로 특별하게 다가온다. 백종훈 병장과는 시골의 작은 학교를 함께 다닌 친구 사이였다. 이 글이 국가를 위해 산화한 5명의 순직 장병을 다시금 기억하는 계기가 되었으면 한다. 순직 장병들과 유가족들에게 다시 한번 심심한 위로의 말씀을 전한다.

정정훈

호세 리잘(José Rizal, 1861-1896)

아시아 최초의 민족주의자,
첫 번째 필리피노

"종양은 질병이다. 이는 우리 몸에 치명적이며 작은 접촉만으로도 염증과 함께 엄청난 고통을 수반한다. 마음의 평온을 찾아 근대 문명의 중심에서 그대를 떠올리며 다른 이들과 비교해 본다. 그대의 형상 안에는 인간의 종양처럼 사회적 종양이 자리하고 있구나. 그대의 안녕을 바라며 내가 그동안 환자들에게 내렸던 최선의 처방을 내리고자 한다." 호세 리잘의 소설《나를 만지지 마라(Noli Me Tángere)》의 헌사 일부다.

1887년 발간된 이 소설은 작가를 죽음으로 이끈다. 한편, 호세 리잘은 이 작품으로 필리핀의 국민 영웅, 민족주의 운동의 상징, 존경받는 위인, 아시아 최초의 민족주의자, 첫 번째 필리피노 등의 평가를 받는다. 필리핀은 학생들이 교육 과정에서 이 소설과 함께 속편인《폭로자(El Filibusterismo)》등 호세 리잘의 작품 두 편을 모두 배우도록 법으로 정하고 있다.

호세 리잘은 16세기 이후 수백 년 동안 스페인의 식민 통치를 받으며 축적되어온 착취와 차별의 구조를 고발함으로써 모순을 바로잡아야 한다는 문제의식을 갖고 있었다. 소설의 제목은 부활한 예수가 다가오는 마리아에게 "나를 만지지 마라"라고 말하는 대목에서 따왔다. 여기에는 타락한 사회를 비판하고 신성한 가치를 회복하려는 작가의 의지가 반영되어 있다.

헌사는 안과 의사였던 리잘이 환자의 종양을 드러내고 처방하듯, 조국을 병들게 하는 원인을 찾아 치유시키겠다는 의지를 보여준다. 이 소설이 종종 '사회적 종양'으로 번역되는 이유도 여기에 있다. 호세 리잘이 그토록 치료하고자 했던 식민지 필리핀의 '종양'은 과연 무엇이었을까?

작가의 눈에 비친
식민지 필리핀 현실

포르투갈 출신으로 스페인의 후원을 받은 탐험가 마젤란의 함대가 1521년 필리핀 세부(Cebu)섬에 당도한 이래 서구 열강의 침탈은 계속되었다. 1565년 레가스피의 함대가 루손(Luzon)섬의 마닐라를 점령한 것을 계기로 시작된 스페인의 필리핀 통치는 1898년 미국이 넘겨받기까지 300년이 넘게 이어졌다. 스페

호세 리잘 초상. 위키미디어 코먼스 갈무리.

인의 필리핀 지배는 '3G'로 정리되는데, 바로 왕의 영광(glory), 신의 복음(gospel), 경제적 이득(gold)이다. 이 세 가지 요소를 문장으로 요약하면 '식민지에 가톨릭을 전파하여 이를 매개로 경제적 이득을 취함으로써 왕권을 강화하는 것'이었다. 이에 따라 현지 사회 구조를 해체하고 새로운 질서를 수립하고자 했다. 스페인의 착취 구조는 그렇게 만들어졌으며 그 핵심에 교회가 있었다.

　스페인은 바랑가이(Barangay)라 불리던 촌락 중심의 필리핀 현지 사회를 알카디아와 푸에블로라는 행정 단위로 재편했다. 푸에블로는 교회와 교회를 이끄는 신부 및 수도사들이 관리 및 운영했다. 그 과정에서 마닐라를 중심으로 가톨릭이 광범하게 전파되었고, 지역 사회는 스페인에서 파견된 교회 세력이 대규모

토지를 소유하면서 현지인들을 관리 및 착취하는 구조로 변해 갔다. 필리핀의 교회 세력은 계속해서 세력을 확장했다. 18세기 중후반까지 본국인 스페인에 막대한 이득을 안겨준 갤리온 무역(Galleon Trade, 마닐라 거점 태평양 횡단 무역)을 통해 남미의 은과 중국의 귀중품을 마닐라에서 중개하면서 자본과 대토지를 축적했다. 그 과정에서 필리핀의 가톨릭화를 주도하며 신앙의 중심이 되었지만, 한편으로 주민을 억압하고 착취하는 지주로 군림했다.

호세 리잘이 드러내고자 한 것도 수백 년 동안 부를 독점하면서, 신의 말씀을 따르는 충실한 복음의 전파자가 아닌 현지인들을 차별하고 착취하는 지주로 변질된 '교회와 신부'라는 이름의 사회적 종양이었다. 물론 식민 시기에 이러한 모순을 인식하고 저항한 움직임이 없었던 것은 아니었다. 그러나 아쉽게도 산발적 저항에 그칠 뿐 지속적이고 통합된 모습을 보여주지는 못했다. 그러던 중 19세기 이후 멕시코 등 남미의 스페인 식민지들이 독립하면서 필리핀 착취 구조가 극적으로 변한다. 그동안 해온 남미와의 무역이 아니라 '아시엔다(hacienda)'로 불리는 대농장에서 설탕, 아바카, 담배, 코코넛 등 상품 작물을 대량 재배하는 방식으로 바뀐 것이다. 그 과정에서 식민지의 구조적 모순을 인식하고 민족주의를 무기로 이에 맞서려는 상업 기반 지식계층이 나타난다.

루손섬을 비롯한 필리핀 전역으로 퍼진 사회 경제적 변화는 기존 교회 세력이 감당할 수 없는 거대한 흐름이었다. 그 과정에서 교회가 아닌 상업 자본가 계층이 새롭게 떠오른다. 여기에는 무역을 위해 정착한 중국계와 현지인 사이의 혼혈인 '메스티소(mestizo)'가 많았다. 메스티소들은 교회의 대토지를 임차하여 대리 경작하면서 부를 축적했고 때로는 스스로 지주가 되기도 했다. 새로운 중산 계층으로 떠오른 이들은 자녀들을 스페인을 비롯한 유럽으로 유학 보냈으며, 그렇게 성장한 2~3세대 후예들은 '일루스트라도(Ilustrado)'라 불리며 계몽 지식인이자 필리핀 민족주의 운동의 주력이 된다. 호세 리잘 역시 중국계 메스티소의 후예로 스페인에서 유학한 대표적 계몽 지식인이었다.

조국의 아름다운 희망,
필리피노

호세 리잘은 1861년 6월 19일 루손섬의 라구나주, 칼람바의 한 부유한 집안에서 태어났다. 그의 집안은 지역에서 설탕을 경작하여 부를 쌓은 것으로 알려졌다. 어릴 때부터 총명하여 다섯 살에 알파벳을 읽고 쓸 수 있었다고 하는데, 총명함을 알아챈 가족들은 개인 교습으로 그를 교육했다고 한다. 유년 시절에는 삶에 큰 영향을 끼친 사건이 발생하는데, 바로 1872년 2월 필리핀계 신부 3명이 카비테 폭동(Cavilte Moutiny) 연루 혐의로 사형당한 일이었다. 리잘의 형은 그때 죽은 브루고스 신부의 제자였다. 대스페인 군사 반란인 이 사건은 식민지 필리핀의 현실, 모순 등을 인식하는 계기가 되었다. 바로 전해인 1871년 그의 어머니가 억울하게 감옥에 갇힌 일도 영향을 미쳤다.

리잘이 1889년 그의 친구에게 쓴 편지에는 "어린 시절, 불의와 잔혹함을 보았을 때 나는 착각 속에서 깨어났"다고 쓰면서 "1872년(의 그 사건)이 없었다면, 나는 예수회 신부가 되었을 것이고, 《나를 만지지 마라》를 쓰는 대신 그 반대의 이야기를 썼을" 것이라고 고백했다. 호세 리잘이 유년 시절을 보낸 19세기 중반은 스페인의 필리핀 통치가 흔들리고 현지인들의 저항이 격렬해져 가던 시기였다.

1872년 11세 되던 해에 마닐라 예수회가 세운 아테네오 중등학교에서 들어간 리잘은 1877년 최고 성적으로 졸업한다. 다음 해는 스페인령 필리핀 최고 대학인 산토토마스 대학에 입학했는데, 어머니의 실명을 계기로 전공을 법학에서 안과로 바꾼다. 1882년 5월 형의 도움으로 스페인에 건너가 1884년 마드리드 대학에서 의학 학위를 받으며 의사로서 유럽 및 필리핀에서 활동한다. 그는 소설가로 널리 알려졌지만, 안과 의사로서의 역량도 뛰어났다. 유럽에서 여러 전문가와 교류했으며 필리핀에서는 선진 의료 장비와 기술을 갖춘 의료인으로 명성을 떨쳤다. 그에게 의학은 착취와 차별 구조에서 전근대적 삶의 방식을 고수하는 동포들을 계몽하는 주요 수단이었다.

리잘은 의사로서 경력을 쌓으면서 언어와 문학, 철학에도 꾸준한 관심을 보였다. 언어와 글쓰기에 탁월한 재능을 보였으며 1879년 문학 경시대회에서는 시로 입상했다. 피식민 학생이 본국 학생들과 스페인어로 경쟁하여 입상했다는 소식은 전국적으로 관심을 모았다. '필리핀 청년들에게'라는 제목의 시에서 그는 필리핀 청년 세대를 "내 조국의 아름다운 희망"으로 칭하며 10대에 이미 필리핀인으로서의 정체성을 분명히 했다. 20대에는 마드리드에서 의학을 공부하면서 프랑스, 독일, 영국, 오스트리아 등 유럽 주요국을 다니며 유럽의 사상과 근대 문명을 경험했다. 그는 생각보다 낙후된 스페인의 상황과 독일의 민족주의에 영향을 받으며, 조국 필리핀의 운명과 역사를 고민했다.

특히 타갈로그어(Tagalog)와 현지의 문화에 관심이 깊었는데, 1886년 오스트리아의 학자 페르디난트 블루멘트리트(Ferdinand Blumentritt)로부터 17세기 초반 필리핀 역사에 대한 기록을 구하기도 하고, 스페인어로 쓴 자신의 글 '조국에 대한 사랑'을 타갈로그어로 번역하여 마닐라의 신문에 게재하기도 했다. 대부분 문맹이었던 필리핀 현지인들에게 타갈로그어를 보급하고자 타갈로그어를 스페인식 알파벳으로 표기하는 방법에 큰 관심을 보이며, 비슷한 고민을 하는 같은 필리핀 지식인들의 연구를 탐독했다. 졸업 후에는 파리와 하이델베르크에서 활동하면서 베를린 인류학 협회 회원 자격으로 타갈로그어의 구조와 철자를 주제로 발표하기도 했다. 그러면서 틈틈이 써온《나를 만지지 마라》를 완성했다.

호세 리잘은 필리핀 주민들이 현실에 눈뜨도록 하고 싶어 했다. 식민지 모순과 교회와 신부들의 착취를 제대로 인식하지 못한 채 현실에 안주하는 모습에 절망과 안타까움을 동시에 느꼈다. 분노와 연민의 마음은 스페인령 식민지가 아닌, 필리핀 전통의 언어와 문화, 역사에 눈을 돌리게 했다. 더 나아가 풍자적소설을 통해 식민지 착취 구조를 드러내어 동포들에게는 계몽을, 스페인인들에게는 자성을 촉구하고자 했다. 이러한 호세리잘의 활동들은 당대뿐 아니라 후대 지식인들에게 깊은 인상을 주었다. 1936년 미국의 전기학자 프랭크 라우바흐 박사(Dr. Frank C. Laubach)는 호세 리잘을 시인, 화가, 소설가, 극작가, 역사가, 사회학자, 언어학자, 의학자, 교육자, 인류학자, 경제학자, 자연 과학자, 농학자 등으로 기억하며 그가 다양한 분야에서 이룬 업적에 놀라워했다. 이는 훗날 필리핀 학계의 학문적기반이 되었다.

호세 리잘은 스페인 식민 치하에서 차별받던 필리핀인으로태어났지만, 그의 종교와 학술적 성취는 유럽에서 이루어졌다. 그는 당시 '인디오(Indio)'로 뭉뚱그려 지칭되던 필리핀 주민의정체성을 '필리피노(Filipino)'라는 호칭으로 바꾸어 부르며 필리핀인만의 언어, 역사, 문화, 철학 등을 발굴하여 개념화하고자 노력했다. 이는 필리핀인을 계몽하려는 목적과 함께 그 지위를 스페인인들과 동등하게 끌어올리려는 의도가 강했다. 호

1896년 호세 리잘의 총살 장면. 위키미디어 코먼스 갈무리.

1912년 호세 리잘의 묘를 이장하는 장면. 위키미디어 코먼스 갈무리.

세 리잘의 염원은 필리피노가 차별받지 않고 인권과 법적 지위를 인정받는 것이었기에, 분리 독립을 주장하는 민족주의 운동과는 결이 달랐다고도 볼 수 있다. 필리핀 민족주의의 아버지로 불리는 그는 제국의 지식인이기도 했다. 이러한 이중적 측면은 그를 제국과 식민지를 넘어 혁명으로 이끌었다.

제국을 움직인
호세 리잘의 문학적 성취

1887년《나를 만지지 마라》출간 이후 그의 삶은 극적으로 변한다. 소설의 위험성을 직감한 스페인 식민 당국은 이를 금서로 지정하고 탄압했다. 한편 흩어져 있던 민족주의 관련 활동가들은 리잘 본인의 의도와는 관계없이 그를 민족주의 운동의 상징으로 삼고 서로 연대하기 시작했다. 호세 리잘은 그를 아끼는 유럽의 지식인들과 가족들의 만류에도 불구하고 필리핀으로 돌아왔다. 그 후 고통받는 농노들을 위한 활동을 이어가다가 1892년 '라리가 필리피나(필리핀연맹)'을 결성한다. 그의 열렬한 추종자이자 연맹 회원이던 안드레스 보나파시오(Andrés Bonifacio)가 비밀 혁명 그룹 '카티푸난(Katipunan)'을 결성한 것도 같은 해였다. 앞서 1891년에는 그의 두 번째 소설이자 전작의 연장선에 있는《폭로자》가 벨기에에서 출간되었다.

연맹과 카티푸난은 목적은 같았으나 저항 방식에 차이가 있었다. 온건하고 평화적인 방식을 선호한 호세 리잘과 달리 카티푸난은 좀 더 급진적이면서 정국을 뒤흔드는 방식의 저항을 선택했다. 연맹은 금방 해산되었고 호세 리잘은 남부 민다나오섬으로 유배된 반면, 카티푸난은 비밀리에 전국 각지에서 봉기하며 혁명을 준비했다. 호세 리잘은 본인의 의도와는 관계없이 혁명의 배후로 여겨졌다. 그러나 무장을 통한 봉기와 저항에는 동의하지 않은 것으로 보인다.

1896년 8월 카티푸난은 그들이 주도한 필리핀 혁명 직전 호세 리잘을 마닐라에서 구출하려 했으나 리잘은 이를 거절한다. 결국 혁명의 열풍이 전국으로 번지던 12월 30일 호세 리잘은 스페인 정부에 의해 사형당한다. 그의 사망 소식은 필리핀 전국은 물론 동남아 전역과 유럽마저 뒤흔들었고, 혁명은 더욱 격렬해져 갔다. 그리고 이는 1898년 6월 12일 카티푸난을 장악한 에밀리오 아기날도(Emilio Aguinaldo)의 필리핀 독립 및 공화국 성립 선언으로 이어진다. 필리핀인들이 지금까지도 자랑스럽게 여기는 아시아 최초의 공화국 선언이었다. 여기에는 호세 리잘의 소설과 활동, 비극적 죽음이 깔려 있었다. 비록 무장 투쟁에 동의하지는 않았으나, 그는 조국을 사랑했다. 필리핀인의 삶과 문화, 역사, 언어에 관심을 기울이며 그 정체성을 지키고자 했다. 그가 사랑한 조국의 운명은 공화국 선언과 관계없이 스페인에서 미국의 식민지로 향했으나, 리잘의 실천은 미국의 대필리핀 식민 정책의 기조를 바꾸는 데 기여했다.

다양한 언어로 번역된 리잘의 소설 그리고 그가 형장에 끌려가기 전날 지은 절명 시 〈나의 마지막 작별(Mi Último Adios)〉은 커다란 감동을 안겨주었다. 당시 미국 하원 의원인 헨리 쿠퍼(Henry Allen Cooper)를 비롯한 미국의 지식인들은 리잘을 통해 필리핀인들이 미개한 문명을 지닌 계몽 대상이 아니라, 호세 리잘 같은 문호를 배출한 '민족'이라는 점을 깨달았다. 이는 쿠퍼 법

쿠퍼 법을 만든 헨리 쿠퍼 미국 하원 의원. 위키미디어 코먼스 갈무리.

(Cooper Act)으로 불리는 미국의 필리핀 유화 정책으로 이어졌다. 1902년 필리핀 독립 전쟁 이후 실시된 이 법은 리잘이 사랑하는 조국과 필리피노들에게 남긴 유산이었다. 법안의 핵심은 식민 지역의 자치 능력을 제고함으로써 궁극적으로 스스로 자신들의 영토를 다스릴 수 있게 하는 것이었다.

여기에는 필리핀 시민권, 필리핀인들의 생명·자유·재산권 등 관련 내용들이 있으며, 무엇보다 필리핀 하원을 설립하여 필리핀인 대표가 운영하게끔 한 대목이 핵심이었다. 지난 수백 년 이어진 제국의 식민지 경영사에서도 특별한 사건이 아닐 수 없다. 이러한 법안이 채택된 데는 미국 국내 정치적 상황, 필리핀 독립 전쟁의 격렬함 등 다양한 요인이 있겠으나, 쿠퍼 의원이 동료 의원들을 설득하는 데 호세 리잘의 문학적 성취가 중요한 매개였음은 분명하다.

수백 년 이어진 스페인의 식민 통치는 필리핀 거주민 대부분

마닐라 리잘 공원에 조성된 기념탑. 위키미디어 코먼스 갈무리.

을 카톨릭화하면서 착취 구조와 사회 모순에 적응하고 체념하게끔 했다. 리잘의 작품과 실천 그리고 죽음은 루손섬, 비자야군도, 민다나오섬으로 나뉜 현지의 '인디오'들이 '필리피노'라는 민족 기반 정체성을 깨닫게 했다. 그의 영향력은 지금도 여전하다. 오늘날 필리핀 전국의 공원과 거리에는 호세 리잘이라는 지명 및 도로명이 있다. 2019년 현대중공업이 필리핀 국방부의 주문을 받아 건조하여 진수한 2만 600톤급 전투 호위함의 이름 역시 '호세 리잘함'이었다.

리잘은 타고르와 같은 해, 쑨원보다 5년, 간디보다 8년 앞서 태어났고, 가장 먼저 민족주의 운동 혐의로 제국에 의해 처형당했다. 그가 아시아 최초의 민족주의자, 첫 필리피노라 불리는 것 역시 바로 이 때문이다. 35년의 짧지만 불꽃 같은 삶은 동남

인물로 읽는 동남아

아시아뿐 아니라 아시아 곳곳에 서 일어난 민족주의 운동에 큰 영향을 끼쳤다. 무엇보다 19세기의 마지막을 장식한 그의 죽음은 수카르노, 호찌민, 아웅산 등 20세기 동남아시아 민족주의를 주도한 인물들의 탄생을 예고하는 것이었다.

김종호

인물로 읽는 동남아

ⓒ 강희정·김종호·이한우·정정훈·하정민·현시내, 2024

초판 1쇄 인쇄 2024년 10월 24일
초판 1쇄 발행 2024년 10월 31일

지은이 강희정 김종호 이한우 정정훈 하정민 현시내
펴낸이 이상훈
인문사회팀 최진우 김지하
마케팅 김한성 조재성 박신영 김효진 김애린 오민정

펴낸곳 ㈜한겨레엔 www.hanibook.co.kr
등록 2006년 1월 4일 제313-2006-00003호
주소 서울시 마포구 창전로 70(신수동) 화수목빌딩 5층
전화 02-6383-1602~3 **팩스** 02-6383-1610
대표메일 book@hanien.co.kr
ISBN 979-11-7213-144-9 03910